AF279516

Zwischen Filterblase und Wutbürger

Blicke auf Politik und Gesellschaft

Dieses Buch enthält Satire und spiegelt

ausschließlich den Irrsinn wider, den er kritisiert.

Falls Sie das ernst nehmen,

melden Sie sich bitte beim Institut für
Humorresistenz – wir helfen Ihnen weiter!

© 2025 Antonia Greco

Verlag: BoD · Books on Demand GmbH,
Überseering 33, 22297 Hamburg, bod@bod.de
Druck: Libri Plureos GmbH, Friedensallee 273,
22763 Hamburg
ISBN: 978-3-7597-5049-5

Bestandsaufnahme im Vorübergehen

Die kleine alltägliche politische
Ohnmacht.

Beobachtungen aus Bahn, Cafe´, Amt,
Bildschirm und Demonstrationen

„Breaking News im Kopfkino"

Ein innerer Monolog beim Scrollen durch
Nachrichtenschlagzeilen – irgendwo zwischen
Espresso und Eskapismus.
Krieg. Krise. Kommentar.

Scroll.

Klima kippt. Kanzler schweigt. Kühe
pupsen zu viel Methan.

Scroll.

Rechte marschieren, Linke streiten,
Mitte moderiert den Untergang mit
gutem Benehmen.

Scroll.

„Bürgergeld-Empfänger*innen

besitzen iPhone!"

Ja und? Vielleicht haben sie auch
Gefühle.

Oder ein kaputtes Knie.

Vielleicht gebraucht gekauft oder
geerbt.

Vielleicht ist das ein Mensch.

Aber das klickt nicht.

Scroll.

„Letzte Generation überklebt Verkehrsschild – Rentner stürzt mit Fahrrad.“

Ach so, jetzt ist das Klima schuld am Oberschenkelhalsbruch. Klar.

Scroll.

„Ministerin irritiert mit Outfit beim Staatsbesuch.“

Weil natürlich das wahre Problem nicht Waffenexporte, sondern die Farbe ihrer Bluse ist.

Scroll.

Und irgendwo dazwischen:

Kinder gestorben.
Journalistin verhaftet.
Tropensturm.
Parteitag.

Mein Daumen gleitet über Katastrophen, als wären sie Rabattaktionen.

Ich spüre nichts mehr.

Nur ein vages, schales Gefühl, dass
irgendwas nicht stimmt.

Nicht nur da draußen.

Auch in mir.

Vielleicht ist das das neue Normal:

Informiert.

Überfordert.

Und dabei peinlich nüchtern.

Ich lege das Handy weg.

Und wünsche mir: eine Meldung, die
nicht schreit, sondern heilt.

Eine Nachricht, die nicht zerbricht,
sondern verbindet.

Aber das wäre wohl keine Schlagzeile.

Nur Hoffnung.

Und die klickt nicht.

Wissenschaftlich bewiesen:

Ausländer*innen auch für schlechtes Wetter, Haarausfall und rückläufige Marschrichtung der Gartenzwerge verantwortlich

Endlich ist es amtlich:

Ausländer*innen sind an allem schuld!

Das hat eine neue Studie des Instituts für selektive Wahrnehmung und Sündenbockforschung (ISSuS) herausgefunden. Laut der Untersuchung lassen sich sämtliche Probleme – von der Weltwirtschaftskrise bis zum leeren Joghurtbecher im Kühlschrank – zweifelsfrei auf „die Ausländer*innen" zurückführen.

„Die Datenlage ist erdrückend",

sagt Professor Dr. Günther Unfug, Leiter der Studie.

„Wann immer etwas schiefgeht, sind garantiert irgendwo auch Menschen mit Migrationshintergrund beteiligt – sei es in den Nachrichten, in der Nachbarschaft oder auf dem Etikett eines exotischen Gewürzes."

Schuldfrage eindeutig geklärt – endlich!

Besonders besorgniserregend:

Auch globale Phänomene wie der Klimawandel,

der Trend zu Crocs und das Comeback der 90er-Jahre-Mode könnten laut ISSuS direkt oder indirekt auf ausländischen Einfluss zurückgeführt werden.

„Wir hatten da so einen Moment der Erkenntnis", erklärt Unfug. „Da saß eine unserer Forscher*innen im Stau – und wer fährt davor?

Ein Auto mit ausländischem Kennzeichen.

Das war der Beweis, den wir brauchten."

Auch persönliche Katastrophen betroffen. Die Studie listet weitere Einzelfälle auf:

- Thomas M. (49, empört): „Meine Frau hat mich verlassen. Sie meinte, ich soll 'mal an mir arbeiten'. Ganz klar: Ausländer! Seit die da sind, denkt sie, ich müsse mich anstrengen!"

- Monika R. (62, skeptisch): „Früher war mein WLAN besser. Jetzt wohnt ein Türke nebenan. Ich sage ja nur..."

- Kevin-Jason K. (17, wach): „In Mathe ne Vier – lag bestimmt an den Austauschschüler*innen.

Haben mich voll abgelenkt mit ihrer Existenz."

Lösungsvorschläge: Von Mauerbau bis intergalaktische Abschiebung

Politiker*innen fordern bereits Maßnahmen.

Ein Vorschlag: Alle Probleme sollen in Zukunft nur noch von echten Bio-Deutschen gemacht werden dürfen – „zur Rückgewinnung der nationalen Problemhoheit".

Ein weiterer Ansatz:

Der Bau einer Mauer um die deutsche Leitkultur. Deren genaue Lage ist noch umstritten, vermutlich aber irgendwo zwischen einem Aldi und dem letzten Schützenfest.

Fazit:

Endlich hat die ewige Schuldfrage ein Ende gefunden. Und wer jetzt noch behauptet, das sei Unsinn oder gar rassistisch, ist entweder selbst Ausländer*in – oder schlimmer noch: linke Faktenliebhaber*innen.

"Man darf ja nichts mehr sagen!" –

Eine Redefreiheit unter Beschuss?

Kaum eine Stammtischparole hat in den letzten Jahren so viel Resonanz erfahren wie:

„Man darf ja in Deutschland nichts mehr sagen!"

Sie wird geraunt in Talkshows, gepostet in sozialen Netzwerken und empört auf Demos gebrüllt – meist von Leuten, die sie gerade sagen.

Doch wie viel Substanz steckt hinter diesem Satz? Was meint jemensch eigentlich, wenn er oder sie sich öffentlich darüber beschwert, öffentlich nichts mehr sagen zu dürfen?

Und wie sehr ist die Meinungsfreiheit in Deutschland tatsächlich bedroht?

Was darf man denn nicht mehr sagen?

Hinter der viel zitierten Floskel steckt häufig Unzufriedenheit darüber, dass bestimmte Aussagen – etwa zu Migration, Gender, Klima oder Corona – öffentlich Widerspruch hervorrufen.

Wer „nur seine Meinung sagt", müsse heute mit Kritik, gesellschaftlicher Ächtung oder gar „Cancel Culture" rechnen.

Aber: Meinungsfreiheit bedeutet nicht Widerspruchsfreiheit.

Artikel 5 des Grundgesetzes garantiert das Recht, seine Meinung frei zu äußern –

schützt aber nicht vor Kritik.

Wenn jemensch behauptet, Geflüchtete seien per se kriminell, oder leugnet, dass der menschengemachte Klimawandel real ist, dann darf er oder sie das grundsätzlich sagen.

Die Gesellschaft darf jedoch ebenso deutlich sagen: „Das ist rassistisch." Oder: „Das ist wissenschaftlich falsch."

Meinung ja – Konsequenzen auch

Ein gern übersehener Aspekt: Die Meinungsfreiheit schützt vor staatlicher Zensur, nicht vor sozialen Reaktionen. Niemand wird in Deutschland strafrechtlich belangt, weil er eine unbequeme Meinung hat – wohl aber, wenn er **volksverhetzende Inhalte verbreitet (§130 StGB) oder Persönlichkeitsrechte verletzt.**

Und ja, Unternehmen oder Institutionen haben das Recht, sich von Personen zu distanzieren, deren Aussagen ihren Werten widersprechen.

Das ist keine Zensur – das ist Konsequenz!

Die paradoxe Debatte:

Ironischerweise wird das Argument

„Man darf nichts mehr sagen"

oft besonders laut in den Medien und auf
Plattformen vorgetragen,

die Millionen Menschen erreichen.

Ob Boulevardzeitung, Primetime-Talkshow oder
YouTube-Kanal mit hunderttausenden Followern –
der Platz, um sich angeblich nicht äußern zu dürfen,
scheint erstaunlich großzügig bemessen.

Kritik ist kein Maulkorb!

In einer pluralistischen Gesellschaft gehört es zum
Alltag, dass Meinungen aufeinanderprallen.

Das ist kein Angriff auf die Meinungsfreiheit – es ist
ihr Herzstück. Wer also beklagt, man dürfe „nichts
mehr sagen", meint oft: „Ich will meine Meinung
äußern, aber keine Kritik dafür bekommen." Das ist
menschlich, aber kein Grundrecht.

Fazit: Reden darf jeder – denken sollte man aber
auch!

Deutschland hat eine der robustesten Demokratien weltweit – mit einer gut geschützten Meinungsfreiheit.

Die Behauptung, man dürfe nichts mehr sagen,

ist daher weniger Ausdruck einer tatsächlichen Bedrohung als vielmehr ein rhetorischer Trick:

eine Immunisierung gegen Widerspruch.

Denn wer jede Gegenrede zur „Zensur" erklärt, versucht, die eigene Meinung zur einzig sagbaren zu erklären.

Und das – wäre dann tatsächlich ein Angriff auf die Meinungsfreiheit.

„Ansage ohne Anschluss"

Ein Monolog aus dem Mittelgang, Wagen 2,
Sitzplatzreservierung aufgehoben.

Ich mag Deutschland. Eigentlich.

Ich zahle Steuern. Ich trenne Müll.

Ich hab sogar ganz viele Petitionen
unterschrieben, gegen irgendwas mit
Glyphosat, für mehr Tierschutz, mehr
Umweltschutz und für was mit
Gerechtigkeit u.v.m.

Ich bin, wie man so schön sagt,
demokratisch engagiert – also, ich habe
immerhin gewählt.

Nicht radikal. Nicht populistisch.

Und jetzt sitze ich hier, im ICE nach
Nirgendwo, 72 Minuten Verspätung,
weil irgendwer irgendwo auf einer
Strecke, die seit den 80ern kaputt ist,
ein Blatt Papier auf die Gleise gelegt
hat.

Und der Zugführer sagt:

„Danke für Ihr Verständnis."

Ich habe Verständnis!

Ich habe so viel Verständnis, dass ich mich frage, ob ich langsam Teil eines Sozialexperiments bin. Irgendwo sitzt ein Minister, nippt an seinem Lobby-Espresso und denkt:

„Wie lange halten sie das noch aus, diese Menschen mit Prinzipien?"

Ich meine – wie oft darf man eigentlich enttäuscht werden, bevor man wütend wird?

Nicht rechts, nicht links, einfach wütend.

Ich bin nicht naiv.

Ich weiß, Demokratie ist kein Schnellzug. Mehr so ein Bummelbahn-Konsens-Ding mit Halt an jeder Befindlichkeit.

Aber könnte sie vielleicht wenigstens ankommen?

Oder mir sagen, wohin die Fahrt geht?

18

Stattdessen fährt die Zeit vorbei,
draußen flimmern Windräder, die
stillstehen.

Drinnen scrollt ein AfD-Wähler durch
Telegram und neben mir erzählt eine
Frau, dass sie sich nicht mehr traut, was
zu sagen, weil man ja gleich als
irgendwas gilt.

Und ich sitze da, lächle mild, wie es sich
gehört.

Und sage nichts. Zumindest nicht
heute.

Nur leise zu mir selbst:

„Bitte haben Sie Verständnis!

**Der demokratische Prozess
verspätet sich auf unbestimmte
Zeit.**

**Anschlusszüge zur sozialen
Gerechtigkeit sind vielleicht noch
erreichbar**

….wenn sie sich beeilen ….“

Die AfD in der Opposition

Ach, die AfD in der Opposition!
Welch ein Hort der Weisheit, welch ein Bollwerk der
Gerechtigkeit für die kleinen Menschen der Straße!
Hier, fernab der lästigen Zwänge der
Regierungsverantwortung, blüht die Rhetorik in den
schönsten Farben. Donnernde Reden werden
geschwungen, in denen die vermeintlichen Nöte des
"einfachen Volkes" wortgewaltig beklagt werden.

Die steigenden Energiepreise? Eine Schande!
Die Bürokratie? Ein Monstrum!
Die "Altparteien"? Verräter am Vaterland!
Und die AfD?
Der strahlende Ritter in goldener Rüstung, bereit,
all diese Übel mit einem einzigen Federstrich (oder
eben einer wuchtigen Rede) zu beseitigen.

Das Wahlprogramm der AfD –
Ein Wunschkonzert für... naja, für wen eigentlich?
Doch wehe dem kleinen Bürger, der sich die Mühe
macht, hinter die wohlklingenden Worte zu schauen
und einen Blick in das vielgepriesene Wahlprogramm
der AfD zu werfen!
Hier offenbart sich eine wundersame Welt, in der die
Sorgen des Durchschnittsverdieners auf geradezu
magische Weise... verschwinden.
Oder besser gesagt:
durch andere, viel "wichtigere" Anliegen ersetzt
werden.

Da wäre zum Beispiel die konsequente
Rückabwicklung aller Maßnahmen gegen den
Klimawandel.
Denn was brauchen die kleinen Bürger*innen
wirklich?
Eine intakte Umwelt für die Enkel?
Papperlapapp!
Viel wichtiger ist doch, dass der Verbrennungsmotor
weiterhin ungezügelt röhren darf und der
Kohlekraftwerke fröhlich vor sich hin qualmen.
Schließlich sichert das Arbeitsplätze... in der
Kohleindustrie
(die zufällig eher in strukturschwachen Regionen mit
geringer AfD-Wählerschaft liegt).

Auch die Bekämpfung der Altersarmut scheint im
AfD-Wahlprogramm eine eher untergeordnete Rolle
zu spielen. Stattdessen wird die Stärkung der
"traditionellen Familie" und die "Förderung des
deutschen Kulturguts" in den Vordergrund gerückt.

Denn mal ehrlich: Was hilft den Rentner*innen mit
knapper Kasse mehr als das Wissen, dass das
Reinheitsgebot für Bier weiterhin unangetastet
bleibt?
Und die versprochene Entbürokratisierung?
Die findet im Wahlprogramm vor allem in Bereichen
statt, die den Abbau von Umwelt- und
Sozialstandards betreffen.

Denn lästige Vorschriften für Unternehmen sind
schließlich Gift für die Wirtschaft –
auch wenn das auf Kosten der Gesundheit der
Arbeitnehmer oder der Umwelt geht.
Die kleinen Handwerker*innen um die Ecke freuen
sich bestimmt, wenn sie weniger Formulare ausfüllen
müssen... während sie gleichzeitig gegen größere,
deregulierte Konzerne konkurrieren müssen.

Die wundersame Logik der AfD –
Was den kleinen Bürger*innen wirklich "hilft":

Die Logik der AfD ist so schlüssig wie ein Schweizer
Käse mit Löchern:
Was dem "deutschen Volk" als Ganzes angeblich
guttut (also vor allem denjenigen, die ohnehin schon
gut situiert sind und sich vor allem vor
"Überfremdung" fürchten),
das muss ja auch automatisch den kleinen
Bürger*innen helfen.
Dass diese vielleicht ganz andere Sorgen haben–
wie bezahlbare Mieten, faire Löhne oder eine gute
Gesundheitsversorgung – wird in den
Oppositionsreden zwar gerne mal erwähnt, im
Wahlprogramm aber eher... vergessen.

Fazit:
Die AfD in der Opposition ist wahrlich eine
Meister*in des wohlklingenden Wortes, wenn es
darum geht, die Nöte der kleinen Bürger*innen zu
beklagen.

Doch wer genauer hinsieht, erkennt, dass das
Wahlprogramm eher ein Wunschzettel für eine ganz
bestimmte Klientel ist –
eine, die mit den tatsächlichen Sorgen und Nöten
des Durchschnittsverdieners oft herzlich wenig zu
tun hat.

Aber hey, Hauptsache, die Reden klingen gut.

Und vielleicht fällt ja vom hohen Ross der
Opposition doch noch der ein oder andere goldene
Brotkrumen für die kleinen BürgerInnen ab.

Vielleicht. Irgendwann.

In einer fernen Zukunft, in der die AfD dann
hoffentlich immer noch in der Opposition sitzt
und weiterhin so schön reden kann.

Denn in der Regierung... nun ja, da müsste man ja
plötzlich liefern.
Und das könnte die schöne Illusion von der
Retter*in der kleinen Bürger*innen auf
unangenehme Weise zerstören.

Die wunderbare Welt der Unpolitischkeit –

Wo man in Ruhe seinen Latte Macchiato schlürfen kann,
während die Welt brennt
(aber bitte nicht zu laut!)

Ach, die Unpolitik!
Ein herrlicher Zustand der inneren Einkehr,
fernab des lästigen Lärms von Demonstrationen,
Debatten und überhaupt allem,
was irgendwie nach "Haltung" riecht.
Man kann sich ganz auf die wirklich wichtigen
Dinge konzentrieren: die perfekte Avocado-Toast-
Kreation, die neuesten Netflix-Serien und die Frage,
ob das Hemd jetzt eher "ecru" oder doch "beige" ist.
Denn schließlich –
und das ist ja das Schöne an der Unpolitik –
muss man sich um den ganzen "Faschismus"-Kram
ja nicht kümmern.

Das ist doch was für die "anderen", die mit ihren
komischen Schildern und ihren lauten Parolen.
Die subtile Verführung der Ignoranz –
Warum Wegschauen so entspannend sein kann
(bis die braune Post kommt):

"Was geht mich das an?",
flüstert die innere Stimme des Unpolitischen,
während im Hintergrund besorgniserregende
Nachrichten flimmern.

"Solange mein WLAN funktioniert und der Streamingdienst nicht streikt, ist doch alles paletti!"
Und tatsächlich:
Die Welt wirkt so viel friedlicher, wenn man die Kommentarspalten meidet und sich stattdessen lieber Katzenvideos auf Endlosschleife ansieht.

Die steigenden Wahlerfolge von Parteien, deren Gedankengut direkt aus dem Geschichtsbuch des Bösen stammen könnte?
Ach, das wird schon wieder vorbeigehen.
Ist doch wie mit schlechtem Wetter –
einfach aussitzen!
Die überraschenden Vorteile des "Sich-nicht-Einmischens" .

Endlich Zeit für die wirklich wichtigen Dinge (wie die perfekte Selfie-Pose):

Stellen sie sich vor, all die kostbare Zeit, die man sonst mit dem Lesen von Nachrichten, dem Diskutieren mit "den Falschen" oder gar dem Gang zu einer Demo verschwendet, könnte man stattdessen in die Optimierung des eigenen Instagram-Feeds investieren!

Oder in das Erlernen einer neuen Yoga-Pose!
Oder einfach nur in ein ausgiebiges Nickerchen.

Die Unpolitik ist quasi das Wellness-Retreat für die Seele – nur dass die Anwendungen eben darin bestehen, die Augen fest zu verschließen und die Ohren demonstrativ zu verschließen.

Warum "ist doch nicht so schlimm"
eine gefährliche Superkraft ist
(besonders wenn "es" wieder anfängt, ziemlich schlimm zu werden).

Nun mag die ein oder andere "Weltverbesser*in" einwenden, dass Wegschauen und Ignorieren noch nie eine gute Strategie war, wenn es darum ging, Unheil abzuwenden.
Dass Faschismus eben nicht einfach ein harmloser Schnupfen ist, der von alleine wieder verschwindet, sondern eher eine aggressive Autoimmunerkrankung der Gesellschaft, die unbehandelt fatale Folgen haben kann.

Aber das sind doch alles so "negative" Gedanken!
Wir Unpolitischen bevorzugen da eher das Prinzip "positive Vibes only!".

Und negative Vibes sind nun mal...äh...unpolitisch!

Die Linke Gefahr – Eine Satire in Moll

Und die! Die Linken!
Diese finsteren Gestalten, die im Morgengrauen
aufstehen, um friedliebende Bürger*innen mit fair
gehandeltem Müsli zu bewerfen und ihre Vorgärten
mit solidarischen Unkrautvernichtern zu traktieren.
Man munkelt, ihre geheime Kommandozentrale
befinde sich in einer veganen Bäckerei,
wo sie in aller Heimlichkeit basisdemokratische
Kuchenanschläge planen.
Ihre Aggressivität ist ja geradezu sprichwörtlich.
Erinnern wir uns nur an die zahllosen Male, in denen
sie mit sanften Worten und stichhaltigen
Argumenten auf Ungerechtigkeiten hingewiesen
haben.
Diese unerträgliche Vehemenz!
Wie sie es wagen, auf Missstände aufmerksam zu
machen, anstatt einfach nur artig zu nicken und
"Ja, stimmt schon irgendwie" zu murmeln.
Und diese Demonstrationen!
Ein wahrer Hort der Gewalt!

Da werden Transparente hochgehalten – eine
regelrechte Provokation für jeden, der lieber
uninformiert bleibt.

Dann diese Sprechchöre!

Lautstark fordern sie Dinge wie soziale Gerechtigkeit
und Umweltschutz – ein direkter Angriff auf das
sensible Gemüt jede Besitzstandswahrer*in
.

Und wehe dem, der sich in den Weg stellt!

Dann wird man mit geballter Friedfertigkeit und
dem eindringlichen Wunsch nach einer besseren Welt
konfrontiert.

Besonders perfide ist ihre subtile Form der
Aggression. Sie unterwandern unsere Institutionen
mit Bildungsideen und fordern gar eine kritische
Auseinandersetzung mit der Vergangenheit.

Welch ungeheuerlicher Affront gegen die wohlige
Behaglichkeit des Status quo!

Und ihre Sprache!

Ständig diese komplizierten Wörter wie "strukturelle Ungleichheit" oder "ökologische Nachhaltigkeit".
Da wird einem ja ganz aggressiv unwohl!
Warum können sie nicht einfach sagen,
was Sache ist?
Zum Beispiel: "Manche haben halt mehr Glück gehabt, und das mit dem Wetter wird sich auch wieder einrenken." Das wäre doch viel friedlicher.
Man muss sich wirklich fragen, wo das noch hinführen soll.
Wenn diese linke Aggression weiter um sich greift, enden wir noch in einer Gesellschaft, in der tatsächlich versucht wird, allen Menschen ein menschenwürdiges Leben zu ermöglichen und die Umwelt für zukünftige Generationen zu bewahren.

Welch schreckliche Vorstellung!

Deshalb ist es unsere Pflicht als besorgte Bürger*innen, diese aggressive Minderheit entschieden in ihre Schranken zu weisen.
Mit ruhiger Gelassenheit und dem überzeugenden Argument, dass "man ja auch mal zufrieden sein muss".

Denn schließlich ist Nichtsagendheit die höchste Form der Friedfertigkeit, und Ignoranz der beste Schutz vor unbequemen Wahrheiten.

Also, liebe Menschen! Seid wachsam!

Achtet auf verdächtige Personen, die fair gehandelte Produkte konsumieren oder gar Bücher lesen!

Meldet jeden, der es wagt, eine kritische Frage zu stellen!
Denn nur so können wir unsere friedliche, von Ungleichheit und Umweltzerstörung ungetrübte Gesellschaft bewahren.

Lieber Glitzer-Antifa als brauner Sumpf

(und warum Sternchen mehr Spaß machen als Stacheldraht)

Ach, die Qual der Wahl in diesen aufregenden
Zeiten!
Soll ich mich dem gemütlichen, braunen Sumpf
anschließen,
in dem Empathie als "weicheierhaft" und
Rassismus als "gesunde Volkshygiene" gilt?

Oder doch lieber im schillernden Biotop der Antifa
und des "woken" Genderns planschen,
wo Sternchen mehr funkeln als Hakenkreuze und
Inklusivität das neue Schwarz ist?

Die Entscheidung fällt mir – Achtung, Spoiler! –
denkbar leicht.

*Warum ich lieber eine Antifaschist*in bin
(mit Hang zu bunten Socken)

Nun, es mag ja Menschen geben, die finden die Idee
einer Gesellschaft, in der bestimmte Gruppen
systematisch unterdrückt,
entrechtet oder im schlimmsten Fall "entsorgt"
werden sollen, total knorke.

Ich persönlich stehe da eher auf das Konzept von
"alle Menschen sind scheiße liebenswert,
egal woher sie kommen,
wen sie lieben oder was ihre Lieblingsfarbe ist".

Klingt vielleicht ein bisschen nach Weltfrieden.
Aber hey- ich bin ein hoffnungsloser Hippie durch
und durch – nur eben mit besserem Schuhwerk und
einer gesunden Abneigung gegen totalitäre
Tendenzen.

Als Antifaschistin darf ich außerdem herrlich
unironisch

"Nazis raus!"
brüllen,
ohne befürchten zu müssen,
dass mein IQ dadurch sinkt.

Ich kann mich in Diskussionen auf Fakten und
Menschenrechte berufen, anstatt auf vage
Beschwörungen einer "guten alten Zeit",
die historisch betrachtet meistens für
irgendjemanden ziemlich scheiße war.

Und dann diese "woke" Sache!
Ja, ich gestehe:
Ich bin lieber "woke" als im Tiefschlaf der Ignoranz
gefangen.

Ich finde es irgendwie charmant, über Sprache nachzudenken und zu versuchen, alle Menschen einzubeziehen, anstatt mich krampfhaft an veralteten Strukturen festzuklammern, die nun mal nicht für alle gemacht sind.

Dieses ganze Gendern mag für manche anfangs ungewohnt sein, aber-
Evolution war auch nicht immer bequem.
Und ganz ehrlich:
Eine Gesellschaft, die sich Gedanken darüber macht, wie sie respektvoller miteinander umgehen kann, ist mir tausendmal lieber als eine, die sich im dumpfen Hass auf "die Anderen" suhlt.

Als "linke woke Person" (was für ein herrlich umfassendes Label!) darf ich mich für Gleichberechtigung einsetzen, ohne gleich als "Nestbeschmutzer" beschimpft zu werden

Ich darf darauf hinweisen, dass Rassismus scheiße ist (Achtung, Fachbegriff!) und dass Homophobie ungefähr so sexy ist wie ein Pickel auf der Nasenspitze.
Und das Beste: Ich darf Gendersternchen verwenden!
Diese kleinen, funkelnden Dinger sind doch viel fröhlicher als Stacheldrahtzäune, oder?
Sie erinnern mich an Sternschnuppen der Inklusivität,
die über eine hoffentlich gerechtere Zukunft fliegen.

Denn ganz ehrlich:
Eine Gesellschaft, die Vielfalt feiert, sich für
Gerechtigkeit einsetzt und versucht, niemanden
zurückzulassen,
klingt doch irgendwie besser, oder etwa nicht ?

Viel besser als eine, die auf Ausgrenzung, Hass und
dem nostalgischen Wunsch nach einer Vergangenheit
basiert, die in Wirklichkeit für viel zu viele Menschen
alles andere als "gut" war.
In diesem Sinne:
Bleibt bunt, bleibt wach und lasst uns gemeinsam
dafür sorgen,
dass die Sternchen heller leuchten
als jede braune Soße!

Die Erkenntnis am Ende der Latte Macchiato

Die Ironie der Sache ist natürlich, dass die Unpolitischen oft die ersten sind, die überrascht "Huch!" rufen, wenn die braune Welle dann doch irgendwann vor der eigenen Haustür steht und an die Tür klopft (oder sie gleich eintritt).

Dann ist das entspannte Latte-Macchiato-Schlürfen nämlich abrupt beendet, und die Frage, ob das Hemd ecru oder beige war, erscheint plötzlich von geradezu lächerlicher Bedeutungslosigkeit.

Deshalb, liebe Freunde der gepflegten Ignoranz: Es mag verlockend sein, sich in die kuschelige Decke der Unpolitik einzumummeln. Aber die Geschichte hat uns gelehrt (und wiederholt sich auf beunruhigende Weise), dass die Rechnung irgendwann präsentiert wird.

Und die ist meistens alles andere als angenehm. Sich gegen Faschismus einzusetzen mag anstrengend sein, es mag Diskussionen und Auseinandersetzungen bedeuten. Aber es ist unendlich viel weniger anstrengend als in einer Welt zu leben, in der die Grundwerte unserer Menschlichkeit mit Füßen getreten werden.

Also, lasst uns die Latte Macchiato kurz zur Seite stellen und uns dem "unpolitischen" Treiben derer entgegenstellen, die uns in finstere Zeiten zurückführen wollen.

Denn "unpolitisch" zu sein ist in diesen Zeiten vielleicht die unpolitischste Entscheidung von allen.

Zwischen Fronten – Ein Gespräch bei der Demo

Die Stimmen dröhnen,

Parolen fliegen durch die kühle Luft.

Auf der einen Seite Transparente:

„Keine Macht den Nazis!"

Auf der anderen: **„Wir sind das Volk!"**

Die Luft ist geladen, die Blicke stechen wie Messer.

Anna steht mit ihrem Schild in der Hand, ihre Finger
krallen sich etwas zu fest darum.
Neben ihr steht Lina, die mit sorgenvoller Miene die
Menge beobachtet.
„Warum muss das immer so eskalieren?"

flüstert Lina, kaum hörbar über den Lärm.

Anna schaut nach vorn, das Gesicht angespannt.
„Ich weiß. Aber wenn man denen nicht
entgegentritt, wächst der Hass. Wir müssen was
sagen. Für die, die nichts sagen können."

Eine Stimme dringt von der anderen Seite herüber,
rau und gleichzeitig unsicher:

„Ihr versteht uns doch gar nicht! Wir haben Angst.
Wir fühlen uns vergessen, überrannt von
Veränderungen. Wer hört uns zu?"

Anna wendet den Blick zu dem jungen Mann, der
gerade spricht.

Seine Augen sind nicht wütend, sondern fragend,
fast verloren.

„Vielleicht stimmt das", sagt sie leise. „Auch wir
haben Ängste. Und oft reden wir aneinander vorbei,
statt miteinander."

Lina atmet tief durch,

spürt den Druck in ihrer Brust.
„Vielleicht ist es genau das, was fehlt: zuhören.

Nicht nur schreien und auf Abstand bleiben."

Ein älterer Herr aus der Gegendemonstration tritt
hervor, seine Stimme zittert leicht:
„Ich will nur, dass meine Kinder sicher leben
können. Ohne Angst, wer sie sind oder woher sie
kommen."

Anna erwidert, ihre Stimme weich und fest zugleich:
„Das wollen wir auch. Aber wir kämpfen gegen
diejenigen, die aus Angst Hass machen und andere
ausgrenzen."

Ein kurzer Moment der Stille.

Der Wind trägt einzelne Worte davon.
Dann hebt Lina vorsichtig die Hand, fast zögerlich:
„Können wir nicht versuchen, aufeinander
zuzugehen?

Ohne gleich zu verurteilen, ohne den Hass
weiterzutragen?"

Der junge Mann sieht sie an, nickt langsam.
„Es wird schwer. Aber besser, als ständig
gegeneinander zu schreien und sich zu verlieren."

Anna lächelt zaghaft, fast überrascht von der
Wärme, die sich plötzlich in der Kälte ausbreitet.
„Vielleicht ist das der Anfang.

Nicht heute, nicht hier komplett.

Aber ein Anfang."

Lina spürt, wie sich eine kleine Hoffnung in ihr regt.
„Manchmal ist das Wichtigste, einfach dazustehen
und zuzuhören. Egal, wie schwer es fällt."

Die Fronten sind noch da.

Die Meinungen weit entfernt.
Aber für einen Moment gibt es weniger Hass –

und mehr Menschlichkeit.

Polizei, Pizza, Perspektiven

Später Abend, Demo fast vorbei.
Ein Jugendlicher bietet einem Polizisten ein Stück
kalte Pizza an.
„Sie wirken, als könnten Sie Kohlenhydrate
brauchen."

Der Beamte lehnt dankend ab – und sagt nach
kurzem Zögern:
„Ich mag eigentlich, dass ihr hier seid.

Solange ihr friedlich bleibt."

Der Junge nickt. „Wir geben uns Mühe. Aber
manchmal brennt's halt. Innen."

Zwei Sekunden Stille. Dann ein Händedruck.
Mehr passiert nicht – und doch irgendwie alles.

Integrationskurs für Eingeborene

Weil auch Biodeutsche mal über ihren Tellerrand schauen sollten.

Willkommen zum neuen Pflichtprogramm des Bundesamts für Realitätstauglichkeit:
"Integrationskurs für Eingeborene – Modul 1: Vielfalt für Anfänger".

Zielgruppe:

Menschen mit deutschem Pass, deutschem Stammtisch und deutschem Problem mit allem,

was nicht exakt so spricht, isst und glaubt wie sie selbst.

Kursinhalte:

1. Grundwortschatz Interkulturalität

Begriffe wie „postmigrantisch", „Allyship", „Rassismuskritik" und „Mehrfachzugehörigkeit" werden vorgestellt.
Erste Reaktion der Teilnehmer:

„Können wir das auf Deutsch sagen?"
Antwort: Haben wir gerade.

2. Praxisübungen Smalltalk

Wie man ein Gespräch mit jemandem führt,

der einen Akzent hat –

ohne direkt zu fragen, wo er *wirklich* herkommt.
Schwierigkeit: Hoch.
Erfolg: Mäßig.

Ein Teilnehmer fragt am Ende:

„Aber wie soll ich denn dann wissen, ob er
integrationswillig ist?!"

3. Verhalten in der Öffentlichkeit

Was tun, wenn Jugendliche

mit Migrationsgeschichte laut Musik hören?

a) Polizei rufen
b) Passkontrolle verlangen
c) Weitergehen und das Leben anderer Menschen
nicht kommentieren
Richtige Antwort: c)
Gewählt von 18 % der Teilnehmer.

4. Reflexionseinheit:

„Bin ich vielleicht selbst das Problem?"
Kurze Meditation mit Spiegel.
Drei Teilnehmende brechen den Kurs hier ab.
Begründung: „Ich lasse mir doch nicht vorschreiben,
wie ich tolerant zu sein habe."

<u>Abschlussprüfung:</u>

Die Teilnehmer*innen müssen ein multikulturelles
Straßenfest besuchen, ohne:

- das Wort „Überfremdung" zu verwenden

- sich über „Gerüche" zu beklagen

- jemanden fragen, ob er den Koran
auswendig kann

Durchfallquote: 72 %.

Trotzdem feierlich: Es gab Baklava und Bionade.

Fazit:

Integration ist keine Einbahnstraße.
Manchmal müssen auch die, die glauben schon
angekommen zu sein, den Stadtplan neu lesen.
Und vielleicht – ganz vielleicht – nicht nur die
Sprache der anderen lernen,
sondern auch deren Geschichten anhören.

Integrationskurs für Eingeborene – Modul 2:

„Geschichte in Farbe – Kolonialismus für Kaffeetrinker"

Denn wer den Morgen mit einem Latte Macchiato beginnt, sollte wissen, was auf dem Löffel liegt.

Willkommen zurück zum Integrationskurs für Eingeborene.
Nachdem wir im ersten Modul die Grundlagen der Toleranz erarbeitet (bzw. ignoriert) haben,

geht es jetzt um Geschichte –

nicht die saubere, sondern die klebrige.
Die, die an Kakaopulver und Kolonialwarenregalen klebt.

Inhalt des Moduls:

1. Einstieg: Ein Land ohne Kolonien?

Frage an die Runde:

„Hatten wir eigentlich auch Kolonien?"
Antwort aus dem Publikum:
„Na also so richtig nicht… oder halt nicht so wie die Engländer.*innen. Außerdem war das lange her und das war Bismarck, der konnte nix dafür, oder?"
Historische Einordnung: Bitte googeln!

2. Kakaounterricht mit Nebengeräuschen

Wir lernen:

- Der Kakao kommt nicht aus Bayern.

- Die Kaffeebohne wurde nicht in Bad Hersfeld gezüchtet.

- Und nein, das „Afrika-Museum" mit Plastiktrommeln im Nachbardorf ist kein neutraler Lernort.

Praktische Übung:

Schreiben Sie ein Fairtrade-Siegel richtig,

ohne „Früher war das einfacher" zu sagen.
Zwei Teilnehmer fragen:

„Was hat das mit mir zu tun? Ich trinke Tee."

3. Der koloniale Stadtspaziergang

Wir besuchen Denkmäler und Straßennamen – und fragen:
Wer war eigentlich dieser Carl Peters?
Antwort einersTeilnehmers:

„War das nicht der mit dem Currywurst-Rezept?"
Nein.
Wirklich nicht.

4. Perspektivwechsel

Teilnehmer*innen hören sich drei Minuten Erfahrungsberichte „Schwarzer Deutscher" an.

Reaktion:

- 1 Teilnehmender sagt: „Ich fühl mich jetzt selbst diskriminiert."

- 3 möchten lieber zurück zu Modul 1.

- 7 googeln „Was darf man denn überhaupt noch sagen?"

- **Abschlussprüfung:**

Thema:
Schreiben Sie einen Absatz über Deutschland und seine Kolonialgeschichte,
ohne das Wort „Einzelfall",
ohne „Brunnen gebaut"
und ohne den Satz

„Ich hab ja nichts gegen Ausländer*innen, aber..."

Beste Antwort:
„Ich wusste nicht, wie viel wir verdrängt haben.

Jetzt weiß ich's. Ich mach mir einen Kaffee –

aber diesmal fair!"

Fazit:

Man kann nicht über Integration sprechen,
ohne sich mit der Geschichte zu konfrontieren,
aus der viele Menschen entwurzelt wurden –
für Zucker, Kaffee und das gute Gewissen im
Kolonialstil.

„Ich hab ja nix gegen Ausländer*innen, aber..."

Aufgabe:

Markieren Sie jedes Mal, wenn ein Satz mit *„Ich bin kein Rassist, aber…"* beginnt.
Spoiler: Die Karten sind nach fünf Minuten voll.

Abschnitt 1: Warum Menschen wirklich kommen

Hinweis: Es ist nicht der Joghurt im Discounter.

Wir analysieren Fluchtgründe:

- Krieg

- Klimawandel

- Wirtschaftliche Perspektivlosigkeit

- Der Wunsch, seinen Kindern Lesen und
Lächeln beizubringen

Praxisbeispiel:

Teilnehmer*innen erhalten ein Rollenspiel:
Sie sind 24, leben in einer Diktatur,

verdienen 1,10 € am Tag und

haben keine Perspektive.

Frage: Was tun Sie?
Antwort: „Ich würde kämpfen für mein Land!"
Gegenfrage: „Mit was? Der Hoffnung?"

Abschnitt 2: Der große Sozialstaats-Schreck

Wir rechnen gemeinsam:

Was bekommt eine geflüchtete Familie an staatlicher
Unterstützung –
und was kostet ein Porsche-Fahrwerk in der Berliner
Verwaltung?

Ergebnis:

Nicht die Flüchtlinge plündern den Haushalt.
Es ist eher der Behörden-Irrsinn in Kombination mit
ineffizienter Digitalisierung und Flughafenprojekten.

Abschnitt 3: Der Döner und die doppelte Moral

Frage an die Gruppe:

Würden Sie eine Welt ohne Migration wollen?

Ergebnis:

- Nein, sagt der, der mittags Falafel isst.
- Nein, sagt sie, die Salsa tanzt und Mokka trinkt.
- Ja, sagt einer. Er beißt gerade in eine Frikadelle aus dem Asia-Supermarkt. Ironie? Inklusive.

Abschlussprüfung:

Aufgabe:

Führen Sie ein Streitgespräch mit

einem inneren Klischee.

Ziel:

- Mythos erkennen
- Fakten nennen
- Nicht laut „Aber früher…!" schreien

Zitat des Tages:

„Ich dachte immer, die nehmen uns alles weg.
Dann hab ich gemerkt:

Ich hab nie was abgegeben."

Fazit:

Migration ist kein neues Phänomen.
Nur die Ausreden, warum man sie ablehnt,
verändern sich ständig –
genau wie das Land selbst.

Integrationskurs für Eingeborene –

Modul 4:
„Identität ist keine Wursttheke –
Man kann mehr als eine Heimat haben"

Willkommen zu Modul 4 – dem Teil des Kurses, in dem die meisten Biodeutschen plötzlich sehr nervös auf ihrem Stuhl rutschen.
Denn jetzt geht's ans Eingemachte:

Was ist eigentlich „deutsch"?

Und darf das auch türkisch, arabisch, jüdisch, queer oder gar sächsisch klingen?

Einstieg:

Identitäts-Selbsttest
Frage: Woher kommst du?
Antwortoptionen:

- a) Aus Deutschland

- b) Aus meiner Mutter

- c) Das kommt drauf an, wer fragt

- d) Warum willst du das wissen?

- **Ergebnis:**

95 % der Kursteilnehmer antworten mit „a“
– bis sie gefragt werden, ob sie lieber Spätzle
oder Pizza essen.

Abschnitt 1: Heimat als Patchworkdecke

Wir lesen:

Heimat ist kein Ort.
Heimat ist ein Geruch. Ein Lied. Ein Blick.

Ein Taxifahrer, der deinen Namen richtig ausspricht.

Praxisübung:

Die Teilnehmer*innen schreiben auf, wo sie sich
wirklich zuhause fühlen.

Antworten:

- „Beim Bäcker“

- „In meiner Stammkneipe“

- „Wenn ich mein Handy-WLAN
wiedererkenne“

Dann lesen sie Berichte von Menschen mit
Migrationsgeschichte.

Antworten:

- „In Berlin, in Damaskus, in der Küche meiner Oma – alles auf einmal."

Verwirrung. Erkenntnis. Schweigen.

Abschnitt 2: Multikulturalität macht nicht schizophren

Frage an den Kurs:
Kann man zwei Kulturen leben, ohne die eine zu verraten?

Reaktion:
„Kommt drauf an, ob man sich integriert."

Gegenfrage:
Was bedeutet Integration?

- Dass man Kartoffelsalat mag?

- Oder dass man seinen Nachbarn grüßt, auch wenn er mit Minztee auf dem Balkon sitzt?

Spoiler:
Integration ist keine Einbahnstraße und kein Wurstbuffet, wo man sich rauspickt, was einem passt.

Abschnitt 3: Das Märchen von der Leitkultur

Was ist das eigentlich?
Ein bisschen Goethe, ein bisschen Grundgesetz, viel
Grillwurst und das Bedürfnis, Regeln aufzustellen?

Gruppenarbeit:

Teilnehmer entwerfen ihre persönliche „Leitkultur".
Ein Beispiel:

- Pünktlichkeit

- Höflichkeit

- Doppelkekse

- Solidarität

- Respekt

- Offenheit

Aha-Moment:

Die meisten Punkte stehen nicht in einem Pass,
sondern im Herzen.

Modul 5:

„Wie man 'Deutschland' sagt,

ohne dabei die Stirn zu runzeln"

Oder: Zwischen Pickelhaube und Popsong –

Wie man ein Land liebt, ohne anderen den Platz darin abzusprechen.

Willkommen im finalen Modul.
Heute wagen wir uns an ein Wort, das regelmäßig missbraucht, verklärt, gefürchtet oder geniert ausgesprochen wird: **Deutschland**.

Und ja, es ist okay, dieses Wort zu sagen.

Man darf es sogar mögen –

ohne gleich am Bratwurstgrill den Zapfenstreich zu üben.

Und man darf es kritisieren –

ohne gleich mit einem Ausreiseformular abgefertigt zu werden.

Einstieg:

Wortassoziationen

Frage an die Gruppe:

Was fällt Ihnen bei „Deutschland" ein?
Antworten:

- „Ordnung"

- „Gründlichkeit"

- „Nazivergangenheit"

- „Spargelzeit"

- „Steuerbescheid"

Dann die Zusatzfrage:
Darf man das Land mögen?

- „Kommt drauf an, wer zuhört."

- Abschnitt 1: Das Flaggen-Paradoxon

Warum ist es okay, bei der WM eine Fahne zu
schwenken, aber nicht am 3. Oktober?
Warum darf ein Amerikaner auf seine Nation stolz
sein, aber ein Deutscher muss es erst
durchdiskutieren?

Antwort:
Weil wir Angst haben.
Vor Pathos. Vor Geschichte.

Vor den Falschen, die das Wort für sich
beanspruchen.

Lernziel:
Patriotismus ist nicht per se toxisch.
Er wird es erst, wenn er andere ausschließt.

Abschnitt 2: Kritik ist kein Landesverrat

Viele Menschen mit Migrationsgeschichte hören:
„Wenn dir's hier nicht passt, geh doch zurück!"

Antwort:
„Wenn mir mein Zuhause nicht passt, dann streiche
ich die Wände – ich ziehe nicht gleich aus."

Praxisübung:

Lob und Kritik für Deutschland in je drei Punkten.

Beispiel Lob:

- Meinungsfreiheit

- Sozialstaat

- Demokratie

Beispiel Kritik:

- Bürokratie

- Rassismus

- Doppelmoral im Umgang mit Minderheiten

Erkenntnis:

Man kann lieben und gleichzeitig nerven.
(Fragen Sie Ihre Familie.)

Abschnitt 3: Das Deutschland, das niemand sieht

Wir sprechen über die „leisen" Seiten des Landes:

- Die Ehrenamtlichen im Sportverein

- Die Krankenpflegerin aus Ghana

- Der Nachbar, der Türkisch spricht, aber das Müllsystem besser versteht als mancher Einheimischer

Gruppenarbeit:

Gestalte „dein Deutschland" mit drei Farben –

außer Schwarz-Rot-Gold.
Ergebnisse:

- Currywurstrot, Kopftuchblau und Streuselkuchenbraun

- Regenbogenfarben auf grauem Beton

- Mintgrün (für Hoffnung)

-

Aufgabe:

Sag „Ich bin gern hier" –ohne dich zu rechtfertigen, ohne Ironie,
und ohne dass irgendwer denkt, du willst dafür eine Medaille.

Beste Antwort:

„Ich bin gern hier, weil ich mitgestalten darf.
Nicht, weil es perfekt ist. Sondern weil es mir nicht
egal ist."

Fazit:

Dieses Land ist kein Fertighaus,

das man übernimmt oder ablehnt.
Es ist ein Altbau mit Potenzial, mit schiefen Wänden
und renovierungsbedürftigen Ecken –
aber es ist bewohnbar.
Für viele. Für mehr als manche glauben.

Abschlussprüfung:

Aufgabe:

Erkläre in drei Sätzen, warum jemand gleichzeitig
Albaner, Berliner, Alevit und queer sein darf – und
dabei trotzdem ein guter Nachbar, Kollege, Wähler,
oder einfach: Mensch sein kann.

Beste Antwort:

„Identität ist kein Kuchen, von dem man nur ein
Stück haben darf.
Sie ist ein Buffet – und jeder darf sich nehmen,

was ihn satt macht."

Fazit:

Es geht nicht um das Entweder-oder.

Es geht um das Und.

Um das Sowohl-als-auch.

Um Menschen, die nicht in eine Schublade passen –

sondern in ein ganzes Regal.

Zitat zum Abschluss:

„Dieses Land gehört denen, die es mit Leben füllen

– nicht denen, die es einfrieren wollen."

(anonym, auf eine Demo gesprüht)

„Remigration – Rückflug ins Reich der Illusionen"

Lagebericht aus dem Jahr 2025

Das Wort klingt harmlos, fast technisch.
Remigration.
Als hätte man aus Versehen das falsche Software-Update heruntergeladen und müsste jetzt nur eben auf Werkseinstellungen zurück.

Spoiler:
Menschen sind keine Geräte.

Und Herkunft ist kein Rückgaberecht.

Szene 1: Der Rückspultraum

Ein Ministerium der inneren Unruhe beschließt:
Zu viele Menschen mit Migrationshintergrund.
Zu viele Namen, die auf -ić, -glu oder -ova enden.
Und zu viele Fragen, was eigentlich "deutsch" ist.

Also wird eine Idee recycelt, die man längst aus der Mottenkiste des 20. Jahrhunderts hätte verbannen sollen:
„Remigration" – das neue alte Zauberwort.

Eine Sprecher*in erklärt auf der
Bundespressekonferenz:

„Es geht nicht um Abschiebung.

Es geht um Rückführung.
Und wer freiwillig geht, darf sogar den
Koffer behalten."

Szene 2: Die Freiwilligkeit

In einem Amt irgendwo im Westen Deutschlands:
Ein Mann mit deutschem Pass, deutschem Dialekt,
deutscher Steueridentifikationsnummer,

aber einem albanischen Opa, erhält Post:

„Sehr geehrter Herr Berisha,
da Sie über familiäre Wurzeln außerhalb
Deutschlands verfügen, bitten wir um
Mitteilung, ob eine Rückführung in
Ihre kulturelle Herkunft für Sie in
Betracht kommt."

Er antwortet:

„Ja, gerne – zurück nach Gelsenkirchen.

Da bin ich geboren."

Szene 3: Die Remigrations-Matrix

Eine Kommission wird gegründet. Sie soll klären:
Wer ist rückführbar?

Kriterien:

- Geburtsort?

- Hautfarbe?

- Nachnamen-Endungen?

- Essgewohnheiten?

- Musikgeschmack?

-

Am Ende bleibt eine Excel-Tabelle mit
Wahrscheinlichkeiten:

72 % Integration
18 % Verdacht auf „Anderssein"
10 % zu viel Gewürz im Mittagessen

Betroffene werden zu „Remi-Kandidaten".
Das ist keine Kategorie bei „Deutschland sucht den
Superstar".
Das ist der Euphemismus für:

„Wir wollen euch nicht mehr."

Szene 4: Der Rückschlag

Auf einem Marktplatz irgendwo in Sachsen
protestieren Menschen – mit und ohne
Migrationsgeschichte:

„Ich bleibe hier. Auch wenn du mich
nicht sehen willst.
Weil ich hier lebe, liebe, arbeite, streite
und Steuern zahle."

Ein älterer Mann brüllt zurück:

„Aber du gehörst nicht dazu!"

Da antwortet ein junges Mädchen, mit Kopftuch,
Ironie in der Stimme:

„Und du gehörst wohin? In den
Geschichtsunterricht?"

Szene 5: Die große Ironie

Während die Politik von „Remigration" redet,
versuchen Handwerkskammern, Unternehmen und
Pflegedienste händeringend Fachkräfte zu halten.
Die Bäckerei um die Ecke sucht seit Monaten
Personal.

Das Krankenhaus ist unterbesetzt.
Und die Kita wird von einer Frau aus Syrien geleitet,
die jeden Morgen deutsche Kinder begrüßt.

**Aber ja, Hauptsache irgendwer geht zurück.
Wohin auch immer.Fazit:**

Remigration ist keine Lösung.
Es ist ein sprachliches Placebo für den Wunsch nach
Kontrolle.
Ein verzweifelter Versuch, Komplexität mit
Ausgrenzung zu beantworten.

Doch Vielfalt lässt sich nicht rückabwickeln.
Und eine Gesellschaft schrumpft, wenn sie nur noch
auf Reinheit achtet – statt auf Menschlichkeit.

Bessere Idee:

Wie wäre es mit einer „Demokratiefördermaßnahme für verunsicherte Mehrheiten"?

Oder einem **Integrationskurs für Leute, die noch nicht im 21. Jahrhundert angekommen sind**?

Denn das Land, das viele hier fordern, ist längst ein anderes geworden.

Zum Glück.

„Die werden uns doch irgendwann ersetzen"

Ein satirischer Dialog zwischen Angst, Ignoranz und Realität

Ort: Ein Wartezimmer. Zwei Menschen.

Ein Deutschland.

Er (weiß, Mitte 60, Rentner, früher Lagerlogistik):

„Man sieht's doch! Alles voller Fremder. Ich sag's Ihnen: Die werden uns doch irgendwann ersetzen."

Sie (mit Akzent, 45, Lehrerin, seit 23 Jahren in Deutschland):

„Und wer genau ist *uns*?"

Er:

„Na, uns Deutsche halt. Die Einheimischen.

Die, die schon immer hier waren."

Sie:

„Ah, verstehe. Also die Kelten? Die Franken?

Oder doch die Preußen?"

Er (grummelt):

„Jetzt werden Sie nicht spitzfindig. Sie wissen genau, was ich meine. Unsere Werte. Unsere Kultur.

Das verschwindet alles!"

Sie:

„Sie meinen: Höflichkeit? Pünktlichkeit? Mülltrennung?"

Er:

„Und dass man noch sagen darf, was man denkt!"

Sie:

„Und trotzdem sagen Sie's. Ganz ohne Folgen."

Er:

„Na ja. Früher war alles einfacher."

Sie:

„Früher gab's auch mehr Schwarzweißfernsehen, mehr Schlaghosen und mehr Asbest.

Nicht alles war besser."

Er:

„Aber es war deutsch! Und jetzt? Kopftücher im Schwimmbad, fremde Sprachen im Supermarkt … und meine Enkel lernen Ramadan im Unterricht!"

Sie:

„Und? Können sie sich noch an Weihnachten
erinnern?"

Er:

„Ja klar!"

Sie:

„Dann scheint ja Platz für beides zu sein."

Stille. Der Aufruf zur Blutabnahme unterbricht die
Szene.

Er (nachdenklich):

„Wissen Sie … meine Nachbarin, die ist aus dem
Iran. Die backt den besten Apfelkuchen der Welt."

Sie (lächelt):

„Vielleicht ersetzt sie nur das alte Rezept."

Niemand wird ersetzt.

Wir *ergänzen* uns.
Die Angst vor dem „Verlust" kommt
oft aus der Angst, teilen zu müssen.
Aber wer nur eine Sprache, eine
Hautfarbe, einen Gott oder ein einziges
Geschichtsbild zulässt,
lebt nicht in einem Land – sondern in
einem Museum.

Briefwechsel mit dem Amt für Migrationsangst (AfMA)

Ein Akt der satirischen Amtshilfe

Absender:

G. Schulze

Besorgter Bürger (i. R.)

Echte-Deutsche-Straße 1

12345 Heimatstadt

An:

Amt für Migrationsangst (AfMA)

Zentrale für diffuse Gefühle

Unterm-Bauchweg 7

10101 Berlin

Sehr geehrte Damen und Herren,

ich schreibe Ihnen, da ich mich zunehmend unwohl
fühle in meinem eigenen Land.

Im Supermarkt spricht niemand mehr Deutsch.

Beim Bäcker heißt das Brot plötzlich *Simit.*

Und mein Hausarzt ist ein Türke, der besser Deutsch
spricht als ich – das macht mir Angst.Ich fühle mich
überfremdet, ignoriert und abgehängt.

Wäre es möglich, mich auf eine Liste für
„Remigration light" zu setzen?

Ich möchte wieder in ein Deutschland zurück, das es
so zwar nie gab – aber ich erinnere es trotzdem gern.

Antwort vom Amt für Migrationsangst:

AfMA

– Wir geben Ihrer Sorge ein Formular –
Zentrale für diffuse Gefühle

Sehr geehrter Herr Schulze,

vielen Dank für Ihr Schreiben und Ihr Vertrauen in
unser Haus.

Ihre Sorgen sind uns nicht egal.

Darum bieten wir Ihnen folgende Services an:

Ihre Optionen im Überblick:

1. **Heimatillusion kompakt (PDF):**
Ein Heft mit Fotos aus den 50ern, Omas
Rezept für Rinderroulade und einem
Luftbild Ihrer Kindheitserinnerungen –
ohne Fakten, aber mit Gefühl.

2. **Integrationskurs für Eingeborene
(Modul 3):**
„Wie Vielfalt funktioniert, ohne dass Sie
etwas verlieren – außer Vorurteile."

3. **Geräuschfilter für Sprachenvielfalt (Bestellnummer #DE2015):**
Damit Türkisch, Arabisch oder Polnisch in der Bahn für Sie wieder wie leises Murmeln klingt.

4. **Nostalgie-Stipendium:**
Eine einmalige Rückreise in Ihre Fantasie der 1970er-Jahre.

Achtung: Nur bedingt kompatibel mit Realität.

Falls Sie jedoch ernsthaft Remigration beantragen möchten, bitten wir um folgende Angaben:

- Zielland Ihrer Wunschvorstellung:
  ( ) Adenauerland
  ( ) Helmut-Kohlhausen
  ( ) Die gute alte Zeit

- Angabe von Menschen, die „Ihnen fremd vorkommen":
  (Bitte in Gutachtenform und mit Nachweis einer vollständigen Abendzeitungslektüre.)

Bitte beachten Sie:

Ihre Heimat hat sich verändert,

weil Sie selbst sich verändert haben.

Das nennt man Leben. Nicht Bedrohung.

Und was wie „Fremdsein" wirkt, ist oft nur *noch nicht*

verstanden.

Herzliche Grüße

Im Auftrag

Ihre Abteilung für diffuse Gefühle

AfMA – Weil Angst ein schlechter Berater ist, aber

ein guter Briefpartner.

Briefwechsel mit dem Ministerium für Erinnerungslücken (MfE)

„Früher war alles besser – jedenfalls das, woran wir uns erinnern wollen."

Absender:

G. Schulze

Heimathistoriker (selbsternannt)

Damals-war-alles-besser-Weg 2

54321 Rückblicksdorf

An:

Ministerium für Erinnerungslücken

Referat für Nostalgiepflege

Verklärungspassage 1

10000 Berlin

Sehr geehrte Damen und Herren,

ich möchte meine Erinnerung offiziell anpassen lassen.

In letzter Zeit schleichen sich immer wieder störende Details ein. Zum Beispiel, dass es früher auch schon Gewalt, Arbeitslosigkeit und Wohnungsnot gab – dabei habe ich das ganz anders in Erinnerung!

Außerdem wird mir zunehmend gesagt, dass die 80er gar nicht so harmlos waren, wie ich sie fühle. Ich erinnere mich an Buntheit, an Freiheit, an Helmut

Kohl und das „Wetten, dass..?"-Gefühl. Doch jetzt sagt mein Neffe, damals sei auch mit Atomkraft, AIDS-Panik und Rechtsradikalismus gewesen? Das verwirrt mich.

Bitte löschen Sie diese Details aus meinem mentalen Speicher und liefern Sie mir eine stabilisierte Erinnerungsversion. Idealerweise mit Dauerlächeln, Einfamilienhaus und Gartenzwergen.

Mit nostalgischen Grüßen
G. Schulze

Antwort des Ministeriums für Erinnerungslücken:

Ministerium für Erinnerungslücken
– Damit Ihre Vergangenheit bleibt, wie Sie sie nie erlebt haben –

Sehr geehrter Herr Schulze,

vielen Dank für Ihr Schreiben vom 13. d. M., das wir in unserer Abteilung „Wunschvergangenheit und Realitätsschutz" bearbeitet haben.

Wir freuen uns, Ihnen mitteilen zu dürfen:
Ihre Erinnerungslücke wurde erfolgreich validiert.

Ihre neue Erinnerung enthält nun:

- Ein vollständig problemfreies Deutschland, ohne Migration, ohne Konflikte – mit durchgehend freundlichen Tankwarten.

- Politische Stabilität durch regelmäßiges Wegsehen.

- Einen Alltag ohne Smartphones, aber auch ohne Selbstreflexion.

- Und natürlich: *Rauchen im Zug* als Symbol für echte Freiheit.

⚠ Hinweis zu Nebenwirkungen:

Das Vergessen relevanter sozialer Entwicklungen kann zur Überhöhung der eigenen Biografie führen. In schweren Fällen äußert sich das in Phrasen wie:

- „Ich hab nix gegen Ausländer, aber …"

- „Früher hätte man sowas nicht geduldet."

- „Das wird man ja wohl noch sagen dürfen!"

Falls Sie diese Symptome bei sich feststellen,
empfehlen wir den Gegentrend:
Erinnerungserweiterung.
Sie erhalten auf Wunsch eine chronologisch korrekte
Replik Ihrer Jugend mit allen Licht- *und*
Schattenseiten.

Im Anhang finden Sie unser Booklet:
„Früher war auch nicht besser – nur weiter weg."

Mit aufrichtig uneinheitlichen Grüßen
Im Namen der Erinnerungslücke
Ihr MfE
– Wir erinnern uns, damit Sie es nicht müssen.

Wer redet da eigentlich im Namen „der Bürger*innen"?

„Die Bürger*innen wollen das nicht."
„Die Bürger*innen fühlen sich im Stich gelassen."

„Die einfachen Bürger*innen haben die Schnauze
voll."

Aha.

Da sind sie wieder.

Die Bürger*innen.

Nicht irgendwer– nein: der Bürger.

Ein Typ wie aus Pappe geschnitten, stets leicht
empört, aber erstaunlich viel zitiert.

Ich frage mich manchmal, wer dieser Mensch ist.

Lebt er in der Fußgängerzone?

Schreibt er Leserbriefe mit Ausrufezeichen?

Trägt er Filzpantoffeln und hat eine Meinung zu
Wärmepumpen, Windrädern und Wokeness?

Oder ist er einfach nur ein rhetorisches Möbelstück,
das immer dann aufgestellt wird,
wenn man sich selbst mehr Bedeutung geben will?

Denn „der Bürger" – das klingt nach Legitimität.

Nach Volksnähe.

Nach Kaffeeduft im Bürgersaal.

Aber meistens ist es nur ein akustischer Trick:

Mensch sagt „der Bürger" – und meint eigentlich:
Ich!

Oder: meine Wählergruppe.

Oder: die Leute, die mir gerade in die Hände spielen.

Komisch nur:

Wenn ich als Bürgerin was sage,

hört es keiner.
Wenn ich differenziere, gilt es als Schwäche.
Wenn ich zuhöre, verdächtig.
Wenn ich frage, schon verdächtiger.

Vielleicht müsste ich mal laut werden.
Oder eine Flagge schwenken.
Oder aufhören, ganze Sätze zu bilden.
Dann heiße ich vielleicht auch irgendwann:

„Die Bürger*in".

Briefwechsel mit dem Bundesinstitut für Stammtischparolen (BISP)

„Weil Meinung keine Recherche braucht"

Absender:
K. Meier
Stammgast, Meinungsträger

Stammtischstraße 13
23456 Kneipenhausen

An:
Bundesinstitut für Stammtischparolen
Abt. Bauchgefühl & Lautstärke
Pilsweg 0, Ecke Halbwissen
10111 Berlin

Sehr geehrte Damen und Herren,

ich führe seit Jahrzehnten Diskussionen auf hohem
Geräuschpegel.

Dabei greife ich auf bewährte Parolen zurück wie:

„Früher hat man sowas gleich abgeschoben."

- „Die da oben machen eh, was sie wollen."

- „Ich bin kein Nazi, aber …"

Leider ist mein Repertoire etwas veraltet.

Die jungen Leute bringen plötzlich Fakten, Quellen
und sowas wie Kontext ins Spiel.

Das überfordert mich.

Könnten Sie mir ein aktuelles Update mit geprüften
Halbwahrheiten und robusten Phrasen für den Alltag
schicken?

Mit grummeligem Gruß
K. Meier

Antwort des BISP:

**Bundesinstitut für Stammtischparolen
– Qualitätspolemik seit 1952 –**

Sehr geehrter Herr Meier,

Ihre Anfrage ist bei uns eingegangen – **laut, aber verständlich.**

Anbei erhalten Sie unser neuestes **Parolen-Paket 2025**, u. a. mit:

- „Ich hab ja nix gegen Vielfalt, solange sie nicht bei mir wohnt."

- „Früher war Integration, wenn man sich angepasst hat – oder gegangen ist."

- „Ich hab für den Laden hier gearbeitet – und jetzt leben *die* auf meine Kosten."

Neu im Bonusmaterial:

- Der Empör-o-Mat® – einfach Thema wählen, Knopf drücken, lospöbeln.

- Das „Was man ja wohl noch sagen dürfen muss!" -Bingo.

Wir empfehlen außerdem:
Unser **Podcast „Halbwissen am Hahn"** –

jeden Mittwoch mit Experten für gefühlte Wahrheiten.

Mit aufrechter Selbstüberschätzung
Ihre Abteilung für pointenfreie Meinung
BISP – Da wird man ja wohl noch pöbeln dürfen.

Briefwechsel mit dem Zentralamt für die überforderte Mitte (ZüM)

„Zwischen allen Stühlen – aber sehr komfortabel"

Absender:
A. Schmidt
Mitte 40, politische Mitte
Weder-noch-Weg 8
98765 Unentschieden

An:
Zentralamt für die überforderte Mitte
Stuhlkreis der Unentschlossenen
Wackelkompromissallee 7
10001 Berlin

Sehr geehrte Damen und Herren, ich weiß nicht mehr, was ich denken soll. Rechts ist mir zu radikal, links ist mir zu laut, grün ist mir zu teuer, und liberal wirkt irgendwie … nervös.
Ich bin für Toleranz, aber gegen Veränderung.
Für Vielfalt, solange sie mir nicht zu nah kommt.
Und für Demokratie, solange ich keine Verantwortung übernehmen muss.

Was soll ich tun? Verwirrt, aber offen
A. Schmidt

Antwort des ZüM:

Zentralamt für die überforderte Mitte
– Ihre Komfortzone ist unsere Zuständigkeit –

Sehr geehrter Herr Schmidt,

Ihre Orientierungslosigkeit liegt vollkommen im Normbereich.

Wir freuen uns, Ihnen unser brandneues Programm anbieten zu dürfen:

„Mitte bleibt Mitte" –

Das Selbstberuhigungsset 2025

- **Neutralisator-Spray:** Für Gespräche, bei denen es zu brenzlig wird. Ein Sprühstoß – und schon klingt alles wie „man sollte mal beide Seiten hören".

- **Meinung-to-go-Karten:** 52 vage Positionen, mit denen Sie überall durchkommen. Z. B. „Ich bin ja gegen Extreme, egal von wo."

- **Stimmzettel mit Extra-Mitte-Feld:** Einfach ankreuzen bei „Bin irgendwie für Stabilität".

Und für ganz akute Fälle:

Die App „MitteMatic" – generiert automatisch politisch unverfängliche Floskeln für alle sozialen Lagen.

Beispielausgabe:
„Ich sehe das differenziert." (Bedeutet: Ich weiß es auch nicht, aber sag's höflich.)

Mit ausbalancierter Ratlosigkeit
Ihre Fachstelle für Unverbindlichkeit
ZüM – Weder Fisch noch Fleisch, aber gut verdaulich.

Die AfD – Meisterin der Opferpose im Drama der Selbstinszenierung

Die AfD – das ist die Partei, die es schafft, permanent das einzige Opfer zu sein. Egal was passiert, sie sitzt immer auf der Bühne mit Tränchen in den Augen und sagt: „Wir werden so ungerecht behandelt!" Und glaubt man dem permanenten Gejammer, dann ist sie der kleine David gegen die große Goliath-Maschinerie aus „den Medien", „dem System", „den Altparteien" – die ihr ständig „Schande" antun.

Man könnte fast meinen, die AfD sei ein Theaterverein, der eine Ein-Personen-Show spielt. Die Rolle?

Die gebeutelte Kämpfer*in für die Wahrheit.

Dabei ist der Text jedes Mal derselbe:

„Wir sind die Einzigen, die den Mund aufmachen. Wir werden zensiert, diffamiert, verfolgt."

Als ob jeder kritische Artikel ein persönlicher Faustschlag ins Gesicht wäre, als ob jede inhaltliche Auseinandersetzung ein Staatsstreich gegen sie wäre.

Diese Opferpose funktioniert wie eine Allzweckwaffe. Sie schützt vor jeder Verantwortung.

Schlechte Wahlergebnisse? Nicht die eigene Schuld, sondern eine Wahlmanipulation. Hetzerische Aussagen von Mitgliedern? Alles Missverständnisse oder eine Verschwörung gegen die Meinungsfreiheit.

Angriffe auf Minderheiten?

Klar, „besorgte Bürger*innen" eben, die einfach nur reden wollen und für die man nicht mal die Klappe halten darf.

Und wehe, jemand zeigt auf die Widersprüche, die hetzerischen Parolen oder die simplen Antworten auf komplexe Probleme!

Dann wird der Schutzschild hochgefahren:

„Das ist doch Meinungsfreiheit!"

Und das Publikum, das sich fragt, ob es sich hier um eine politische Partei oder einen Verein von professionellen Selbstmitleidler*innen handelt,

wird mit einem moralischen Zeigefinger abgestraft.

Dabei ist die Ironie kaum zu überbieten:

Eine Partei, die Hass schürt, Angst verbreitet und gesellschaftliche Gräben vertieft, spielt sich als die arme, missverstandene Unschuld vom Lande auf.

Sie sind die „Einfachen", die „normalen Bürger*innen", die angeblich „vom Establishment" unterdrückt werden.

Doch die Wirklichkeit sieht anders aus:

Sie profitieren von Medienpräsenz, füllen Hallen und Kanäle mit Hass und sorgen mit ihren Parolen für eine Politik, die das Land spaltet.

Man muss schon bewundern, wie die AfD es schafft, sich trotz zahlreicher Skandale, interner Zankereien und offen rassistischer Ausfälle immer wieder als Opfer darzustellen.

Wie ein Drama, das nie endet – und bei dem die Hauptrolle niemand anders als sie selbst spielt.

Und das Publikum?

Mal entsetzt, mal angewidert, oft kopfschüttelnd. Doch sie wissen, das Theaterstück wird weitergehen. Denn wer einmal das Opferkostüm anhat, der gibt es nicht so leicht wieder ab.

Es ist bequem, schützt vor Selbstkritik und öffnet
alle Türen für Empörung.

Man könnte fast Mitleid bekommen – aber nur fast.

Klima- und Umweltpolitik – Zwischen großen Worten und kleinem Fußabdruck

Ach, Klima- und Umweltpolitik –

das ist wie ein Jonglierakt auf einem Drahtseil,
während man gleichzeitig ein Einhorn reiten will:
Man hat große Ziele, viel Idealismus –

und doch treten einem ständig die eigenen
Kompromisse auf die Füße.

Die Absichten sind ehrenwert: CO_2 reduzieren,
Arten schützen, die Erde retten. Aber wie so oft in
der Politik heißt es „mehr Schein als Sein".

Da wird auf internationalen Gipfeln heftig gepost
und geprahlt, während gleichzeitig das SUV vor der
Tür parkt und der Grill für die Sommerparty glüht.

Die großen Versprechen treffen auf den knallharten
Alltag: Windräder, die gebaut werden – aber aus
„naturschutzrechtlichen" Gründen irgendwo Jahre
später genehmigt werden. Elektroautos, die gefördert
werden – aber deren Produktion gerade eine neue
Umweltproblematik heraufbeschwört.

Plastiktüten, die verboten werden – während der
Discounter fröhlich weiter Tonnen von
Einwegverpackungen hortet.

Und natürlich darf der Populismus nicht fehlen: Klimaschutz ist „Religion", „Wirtschaftskiller" oder „Elitenprojekt". Die einen fordern radikale Maßnahmen, die anderen schreien nach „Freiheit" und „Bürger*innenrechten" – und in der Mitte sitzen die Politiker*innen, die das alles möglichst elegant ausbalancieren wollen, ohne dass der Wähler wegläuft.

Das Ergebnis? Halbherzige Maßnahmen, die genauso viel Wirkung zeigen wie ein Tropfen auf den heißen Stein. Und die Botschaft im Alltag:

„Mach du mal, wir machen dann später." Währenddessen dreht sich die Erde weiter, die Temperatur steigt – und wir scrollen weiter durch die neuesten Klimaschlagzeilen, oft genug mit dem Gefühl: „Toll, und jetzt?"

Klima- und Umweltpolitik ist also nicht nur ein politischer Kraftakt, sondern auch ein Spiegel unserer Gesellschaft – voller Widersprüche, guter Vorsätze und der Suche nach einem Mittelweg, der irgendwie selten ganz glücklich macht.

Aber hey: Immerhin reden wir drüber –

und das ist ja schon mal was.

Glossar der Absurditäten

Alternative Fakten

Wissenschaftliche Erkenntnisse, die man einfach mal ignoriert – solange es der eigenen Weltsicht besser passt. Quasi die IKEA-Anleitung der Wahrheit: ein bisschen interpretieren, ein bisschen weglassen, Hauptsache es hält.

Bürgerdialog

Ein politisches Event, bei dem Politiker:innen erklären, warum sie eh schon alles richtig machen, während das Publikum höflich nickt und hofft, bald wieder Kaffee zu kriegen.

Demokratie

Ein System, bei dem alle mitreden dürfen, aber am Ende doch die mit der lautesten Stimme oder den meisten Anzeigenbudgets gewinnen.

Empörung

Der wichtigste Rohstoff der modernen Politik. Wird gerne großzügig verteilt, vor allem online, und garantiert schnelle Klickzahlen und Retweets.

Fake News

Gerüchte mit großem Echo. Für manche eine Waffe, für andere der Grund, alle Nachrichtenquellen zu ignorieren und nur noch Katzenvideos zu schauen.

Integration

Der Versuch, Menschen dazu zu bringen, „unsere Werte" zu übernehmen – meistens ohne genau zu sagen, welche das sein sollen. Und bitte nicht zu viel Kebab!

Meinungsfreiheit

Das Recht, jede Meinung laut und oft auch ungestraft zu äußern – solange sie nicht die eigene Meinung stört.

Populismus

Die Kunst, einfache Lösungen für komplexe Probleme zu versprechen – und dabei so zu tun, als hätte man alle im Griff, während man eigentlich nur mit Nebelkerzen wirft.

Politikverdrossenheit

Der Zustand, in dem man zwar keinen Bock mehr auf Politiker*innen hat, aber auch keine Alternative sieht – und deswegen weiterhin am Wahltag den Weg zur Urne findet, um dann enttäuscht zu sein.

Politisches Aschermittwochsbashing

Das jährliche Ritual, bei dem Politiker*innen sich gegenseitig öffentlich fertig machen – ein bisschen wie Büro-Kaffeekränzchen, nur mit mehr Pathos.

Popcornjournalismus

Berichterstattung, die mehr auf Drama als auf Fakten setzt – denn je lauter der Streit, desto mehr Klicks und Werbeeinnahmen.

Rassismus

Die Überzeugung, dass Menschen aufgrund von Hautfarbe, Herkunft oder Religion weniger wert sind – eine Zumutung, die leider öfter vorkommt, als man glauben will.

Rechtsruck

Die Bewegung von Parteien und Wähler*innen Richtung konservativ bis radikal – häufig begleitet von der Aufforderung, das „eigene Volk" zu schützen, ohne klar zu sagen, wie.

Soziale Medien

Digitale Stammtische, wo Diskussionen gerne zu Beleidigungen werden und Fakten oft die Türe gezeigt bekommen.

Verschwörungstheorien

Erzählungen, die die Welt erklären, indem sie alle offiziellen Quellen als Lügen entlarven – der perfekte Kitt für diffuse Ängste und das Bedürfnis nach einfachen Antworten.

Europäische und internationale Politik – Deutschland zwischen Sonderweg und Schuldkomplex

Ah, Europa – dieser bunte Flickenteppich aus Kulturen, Sprachen, Krisen und Gipfeltreffen, der manchmal mehr an ein chaotisches Familienfest erinnert als an eine Gemeinschaft.

Und mittendrin: Deutschland, das Musterkind, das sich stets besonders reflektiert gibt, aber auch gerne mal seinen ganz eigenen Sonderweg geht.

Nehmen wir den Brexit: Großbritannien verabschiedet sich mit viel Theater, Tränen und Verhandlungen vom Club der EU, und Deutschland?

Deutschland zeigt sich empört, aber gleichzeitig erleichtert, endlich mal wieder „der Vernünftige" zu sein, der mit ruhiger Hand das Steuer hält.

Während sich der Brexit wie ein bizarres Reality-Drama entfaltet, sitzt man in Berlin am Kaffeetisch und diskutiert, ob man nun mehr Geld in Brüssel locker machen oder lieber weiter „Reformvorschläge" auf den Tisch legen soll.

Angela Merkel nannte den Brexit 2016 „einen Fehler" – was man so sagt, wenn man höflich bleiben will, während man innerlich denkt:

„Na super, jetzt machen die da Draußen den Aufstand, und wir müssen's ausbaden."

Und dann der Populismus, der europaweit durch die Parlamente zieht wie ein Sturm – von Marine Le Pen in Frankreich, Viktor Orbán in Ungarn, Giorgia Meloni in Italien bis zur AfD in Deutschland.

Deutschland beobachtet das mit einer Mischung aus Sorge und „Na, das kriegen die doch nicht wirklich hin"-Selbstverständlichkeit.

Dabei entwickelt sich hierzulande eine besondere Spielart: Populismus light, gewürzt mit hohem Schuldbewusstsein und der festen Überzeugung, dass bei uns alles ein bisschen besser, sauberer und demokratischer läuft. Der frühere Bundespräsident Joachim Gauck warnte 2017 vor einer „Autobahn in die Demokratiefeindlichkeit", was den deutschen Sonderweg charmant illustriert: mahnend, aber bitte ohne große Aufregung.

Das Ergebnis? Ein politisches Tanztheater, bei dem Deutschland einerseits als „Muster-Europäer" auftreten will, der den moralischen Zeigefinger hebt („Wir sind das Land der offenen Grenzen!"), andererseits aber in internationalen Krisen oft nur zögerlich mitmischt – etwa bei der Flüchtlingskrise 2015 oder dem Umgang mit Russland.

Statt klarer Positionen gibt es endlose Kompromisse. Wie Außenminister Heiko Maas einmal sagte:

„Diplomatie ist, wenn man versucht, sich auf halbem Weg zu treffen – und dann feststellen muss, dass keiner da war."

So wird europäische Politik zum Showroom der großen Worte und guten Absichten, während im Hintergrund die EU-Bürokratie langsam vor sich hin wächst – mal eben die Datenschutzgrundverordnung (DSGVO) verabschieden, um Ordnung zu schaffen, und dabei vergessen, dass viele Kleinbetriebe davon überfordert sind.

Und der Populismus zieht fröhlich weiter seine Kreise – gern auch mal mit deutschem Humor, wenn Horst Seehofer sagt, er wolle die Migration „reduzieren, aber nicht verbieten", als wäre das eine feine kulinarische Abstimmung.

Ein Wunder, dass Europa überhaupt noch zusammenhält? Vielleicht. Aber solange alle ein bisschen mitspielen, ist das Chaos zumindest gut kalkulierbar – und die politische Bühne bleibt spannend.

Und so taumelt Europa weiter – zwischen Hoffen und Zweifeln, Sonderwegen und gemeinsamer Vision.

Vielleicht beschreibt es der britische Schriftsteller Terry Pratchett am besten:

„Die Welt ist voller verrückter Ideen, aber das ist keine Entschuldigung, sie nicht auszuprobieren."

In einer Zeit, in der Populismus und Politikverdrossenheit wachsen,

ist genau das der Auftrag:

Trotz allem weiterzumachen, zu streiten, zu ringen – und sich nicht in endlosen Sonderwegen zu verlieren.

Denn am Ende gilt: Europa ist mehr als eine Ansammlung von Staaten.

Es ist ein Experiment – chaotisch, widersprüchlich, aber hoffentlich nicht hoffnungslos.

Populismus als Lebensstil –

Mehr als Politik, eine Religion

Populismus ist längst keine bloße politische Strategie mehr. Nein, Populismus ist ein Lebensstil geworden – mit eigenen Ritualen, Dogmen und sogar einem strengen Dresscode.

Das Geheimnis? Man muss nur laut genug

„Ich bin einer von euch!" rufen – und schon ist man Teil der heiligen Gemeinschaft

der „wahren Volksvertreter".

Das beginnt bei den öffentlichen Auftritten:

Da wird der Dreitagebart gezwirbelt, die Jeans gegen die Lederjacke getauscht und mit ernster Miene ins Mikrofon gebrüllt, während im Hintergrund die Boygroup-Hits aus den 90ern laufen.

Zwischendurch ein demonstratives „Einfach mal zuhören!", und schon ist man Retter*in der einfachen Leute.

Dabei ist der Populismus-Lifestyle ein paradoxes Schauspiel: Die „Volksvertreter*innen" erscheinen mit glänzender Seidenkrawatte, dem neuesten

Dienstwagen und dem Smartphone, auf dem sie ihre eigenen Reden per Teleprompter verfolgen.

Die heiligen Orte sind nicht mehr der Dorfplatz, sondern der Instagram-Account mit seinen tausenden Followern. Der Glaubenssatz?

„Wir sind das Volk!" – während man die Champagnergläser im Hintergrund klirren lässt.

Populismus lebt von klaren Feindbildern und einfachen Lösungen.

Die Komplexität wird gnadenlos rausgefiltert – zugunsten von Slogans, die so eingängig sind wie ein Ohrwurm und so tiefgründig wie eine Pfütze. Glaubensfragen werden in Hashtags und Schlagworte gegossen, und wehe, du zweifelst – dann bist du „elitär", „systemhörig" oder gar

„Fake-News-Verbreiter".

Die Komik daran? Die großen Kämpfer*innen für das „wahre Volk" parken ihre Dienstwägen gerne auf dem Privatparkplatz ihrer Villa, während sie gleichzeitig gegen „die da oben" wettern.

Die Leidenschaft für das einfache Leben endet meist dort, wo der persönliche Komfort beginnt.

Doch genau darin liegt der Charme dieses absurden Lebensstils: Populismus ist Theater, Reality-Show und Religion in einem.

Er braucht Drama, Ritual und den ewigen Kampf gegen unsichtbare Feinde – und seine Jünger lieben jede Sekunde davon.

Willkommen im Populismus-Zirkus, wo die Bühne groß, die Show laut – und die Identität ein gut inszeniertes Makeover ist.

Das Phänomen „Die Mitte" –

Die lautlose Kakophonie der Verwirrten

Alle reden von „der Mitte" – der geheimnisvollen Kraft, die das Land zusammenhalten soll.

Die „schweigende Mehrheit", die man anruft, wenn das politische Schiff zu kentern droht.

Aber die Wahrheit? Diese Mitte schweigt nicht.

Sie murmelt, zickt, widerspricht sich selbst und läuft meistens weg, wenn's richtig unbequem wird.

Nehmen wir den Wahlkampf: Da treten Politiker*innen an, die sich als Vertreter*innen der „vernünftigen Mitte" präsentieren. Im Wahlkampf-Spot posieren sie mit strahlendem Lächeln zwischen einem Mehrgenerationen-Haushalt und einer Windrad-Landschaft.

Ihre Botschaft? „Wir sind die Alternative zur Polarisierung."

Und doch schaffen sie es, innerhalb von fünf Minuten auf einer Podiumsdiskussion so viele Allgemeinplätze,

„Wir müssen reden!"-Sätze und „Ich verstehe die Sorgen der Menschen"-Floskeln unterzubringen, dass Zuschauer*innen nach Luft schnappen.

In einer Talkshow wird dann über die richtige Strategie diskutiert – doch niemand wagt es, klare Antworten zu geben.

„Wir müssen Kompromisse eingehen", sagt der eine, „Wir müssen alle Seiten hören", sagt die andere, und „Wir sind die Brücke in diesen schwierigen Zeiten", meint der dritte.

Die Folge? Nach der Sendung diskutieren Parteikolleg*innen auf Twitter nicht über Inhalte, sondern darüber, wer den besten Filter auf dem Selfie hatte.

Und wenn es um konkrete Themen geht, wird es richtig absurd: Ein CDU-Politiker erklärt in einem Interview, warum er das Tempolimit ablehnt – und gleichzeitig für mehr Umweltschutz plädiert. In der gleichen Woche fordert die Parteivorsitzende mehr Digitalisierung, sieht aber keinen Grund, das Dieselprivileg abzuschaffen.

Das Publikum fragt sich: Wie passt das zusammen? Die Antwort: Gar nicht.

Auf kommunaler Ebene hat man manchmal das Gefühl, die Mitte sei ein endloser Kreisverkehr.

Die Mitglieder*innen der Stadtvertretung stimmen
mehrheitlich für ein Bürgerbegehren zum Erhalt
eines Parks – und wenige Wochen später wird
dieselbe Fläche für ein Gewerbegebiet freigegeben.
Begründung: „Wir müssen wirtschaftliche Interessen
berücksichtigen."

Auf Nachfrage: „Das hat die Mehrheit so
beschlossen." Niemand fühlt sich verantwortlich.

Das Paradox: Die „Mitte" feiert sich selbst als Hort
der Vernunft, doch die einzigen klaren Stimmen
kommen oft von den Rändern.

Das Ergebnis?

Viele Menschen fühlen sich von der vermeintlich
„vernünftigen Mitte" nicht ernst genommen und
wenden sich enttäuscht ab – oder suchen bei den
lauteren Extremen nach vermeintlicher Klarheit.

Die „schweigende Mehrheit"?

Eine Illusion. Die „vernünftige Mitte"?

Ein Mythos im Nebel von Halbwissen,

Angst und dem verzweifelten Versuch,

es allen recht zu machen.

Familienfehde 2.0 – Wenn aus Sonntagskaffee politische Fronten werden

Früher war der Sonntagskaffee eine heilige Institution: Oma backte Kuchen, Onkel erzählte Geschichten, und man streitete sich bestenfalls darüber, ob die Butter oder die Marmelade zuerst aufs Brötchen gehört.

Heute? Heute reicht ein Satz wie „Ich habe den Artikel auf XY gelesen" – und plötzlich ziehen alle die ideologischen Schilde hoch. Die Familie spaltet sich in Lager wie bei einem Endzeit-Rollenspiel.

In der WhatsApp-Gruppe fliegen die Memes, Kommentare werden zu Schusswaffen, und die Diskussion über die neuste politische Entscheidung wird zum juristischen Krimi.

Onkel Fritz teilt Videos von Verschwörungstheoretikern, Tante Erika antwortet mit mehrstündigen Pamphleten, die sie irgendwo auf Facebook gefunden hat.

Das Mittagessen wird zum Minenfeld, das keiner mehr betreten will.

Auch Freundeskreise bleiben davon nicht verschont.

Man trifft sich kaum noch persönlich, weil man befürchtet, dass „die andere Meinung" den Freundschaftsvertrag außer Kraft setzt.

Oder man diskutiert erst recht – bis aus freundlichem Schlagabtausch bitterer Zwist wird. Auf Arbeit wird man plötzlich zur politischen Spion*in.

Wer hat die falschen Artikel geliked?

Wer spricht noch von Solidarität, wer nur noch von „denen da oben"?

Diese gesellschaftliche Spaltung ist wie ein Virus: Einmal infiziert, breitet sie sich überall aus, nagt an den Bindungen, die uns eigentlich zusammenhalten sollten.

Das Tragische? Niemand will eigentlich kämpfen, keiner will Feind sein.

Aber alle sind zu stolz, als Erster die weiße Fahne zu heben.

Manchmal wünscht man sich, die Lösung wäre einfach – wie früher, als man sich über das Wetter gestritten hat.

Stattdessen leben wir in einer Welt, in der jede Meinung zum Schlachtfeld wird, und die einzige gemeinsame Sprache das Misstrauen ist.

Tischgespräch bei Freunden – Abendessen oder Endkampf der Meinungen?

Anna: Also wirklich, wer immer noch AfD wählt, hat entweder keine Ahnung oder ein Herz aus Beton. Populismus pur, und das mitten im 21. Jahrhundert!

Markus: Ach komm, Anna, das ist doch wieder der Medien-Trottel-Jargon. Die Wahrheit liegt irgendwo zwischen Fake-News und Framing. Du glaubst doch nicht, dass das alles so einfach ist.

Sophie: Oh Mann, das klingt ja schon fast wie ein Verschwörungsseminar. Kann man sich hier überhaupt noch über was anderes unterhalten als „wir gegen die"?

Anna: Wir? Ich kämpfe für Vernunft und Menschlichkeit. Aber offenbar lebt ihr alle in euren eigenen Filterblasen, wo Fakten keine Rolle mehr spielen.

Markus: „Fakten"? Glaubst du wirklich, dass Fakten hier noch irgendwas bewegen? Das ist doch wie Zähneputzen gegen das Ozonloch. Medien machen Stimmung, Politik macht Theater, und wir dürfen applaudieren.

Lena: Und ich sitze hier, hab acht Stunden Malochen hinter mir, und soll mich jetzt noch für eine politische Seite entscheiden? Nein danke, ich wähle den Tischtennisball – der springt wenigstens zurück.

Sophie: Dabei wäre ein politikfreier Tag ein Sechser im Lotto. Oder wenigstens ein Anti-Shitstorm-Tag auf Facebook.

Aber nein, Empörung ist das neue Lifestyle-Accessoire.

Anna: Lifestyle? Wenn Rassismus, Hass und Hetze Lifestyle sind, dann guten Appetit. Ich esse jedenfalls kein Stück von diesem Gift.

Markus: Du vergisst, dass viele das nur machen, weil sie sich nicht mehr gehört fühlen. Da muss man nicht gleich in die Nazi-Ecke geschoben werden.

Lena: Und genau da fängt es an: Man will gehört werden, aber wehe, man hört jemand anderen wirklich zu.

Sophie: Haha, ironisch, oder? In der realen Welt hören wir uns kaum noch zu, im Netz schreit jeder lauter, und am Ende gewinnt die, die am schrillsten schreit.

Anna: Vielleicht sollten wir einen Schrei-Wettbewerb machen. Die Gewinner*in kriegt die Macht.

Markus: Und Verlierer*innen die politische Aufarbeitung in Dauerschleife. Klingt nach Spaß.

Lena: Wisst ihr was? Ich bestelle jetzt eine Flasche Wein, und wer dann noch was zum Streiten hat, bekommt einen Korkenzieher in die Hand gedrückt.

(Alle lachen – ein bisschen gezwungen, ein bisschen erleichtert.)

Gespräch an der Theke –
„Ich bin kein Nazi, aber…"
(Die Kunst der Vermeidung)

Erik: „Also, ich bin ja wirklich kein Nazi, das muss man mal sagen. Aber ehrlich, wie soll das denn weitergehen mit der ganzen Flüchtlingsgeschichte? Früher war das Leben hier viel einfacher, da wusste man wenigstens, wo man dran war."

Jana: „Ach, Erik, das ‚Ich-bin-kein-Nazi-aber' ist ja fast schon ein Ritterschlag der politischen Unredlichkeit. Du läufst quasi mit dem Schild: ‚Ich will dir was Blödes sagen, aber ohne das Nazi-Etikett zu kriegen.'"

Erik: „Na, ich sag doch nur, dass man nicht einfach alles akzeptieren kann. Grenzen, Heimat, Identität – das darf man doch noch sagen, oder?"

Jana: „Klar darf man das sagen, aber das ist meistens nur der erste Schritt. Der zweite heißt: ‚Und dann kommen die, die alles kaputtmachen.' Und schon sitzt du mitten in der rechten Erzählung."

Erik: „Das ist doch unfair. Ich höre mir ja auch die anderen Seiten an. Aber überall wird man schon im

Vorfeld verurteilt. Früher gab's noch Diskussionen, heute heißt es sofort ‚Du bist rechts', wenn du mal kritisch bist."

Jana: „Ja, der Klassiker: ‚Ich bin kein Nazi, aber…' ist inzwischen die Geheimwaffe, um das Gewissen zu beruhigen und trotzdem Dreck zu reden. Eigentlich ein ganz eleganter Trick."

Erik: „Vielleicht habe ich's manchmal einfach nicht besser gesagt. Aber du musst doch zugeben, dass viele Sachen übertrieben werden. Die Medien machen doch auch Stimmung."

Jana: „Ach, die Medien. Immer der Sündenbock. In Wahrheit machen wir uns selbst das Leben schwer, wenn wir nicht mal ehrlich mit uns selbst sind. Wenn man erst sagt ‚Ich bin kein Nazi', bevor man überhaupt seinen Satz anfängt, weiß man, wie tief das Vertrauen schon gesunken ist."

Erik: „Tja, vielleicht ist das die traurige Wahrheit. Ich will ja keine Grenzen dichtmachen oder so. Aber manchmal fühlt man sich einfach überrannt von all dem, was da passiert."

Jana: „Verstehe ich. Aber mal ehrlich: Wenn man wirklich keine Nazis sein will, dann muss man auch mal ohne diesen Schutzsatz auskommen. Sonst bleibt man immer in der Falle – und am Ende wundert man sich, warum alle so misstrauisch sind."

Erik: „Vielleicht sollte ich's einfach lassen und öfter mal die Klappe halten."

Jana: „Das könnte der erste Schritt sein – und der ehrlichste. Und hier an der Theke können wir ja trotzdem weiter diskutieren. Nur halt ohne ‚Ich bin kein Nazi, aber…'."

Gespräch zwischen
Rechts (R) und Links (L)

R: „Die Heimat wird uns weggenommen. Überfremdung, offene Grenzen, das bringt doch nur Probleme. Unsere Kultur wird untergraben, und die Politik schaut tatenlos zu.“

L: „Das ist genau das Problem: Du siehst Kultur als starres Ding, als Besitzstand, den man bewahren muss. Aber Kultur lebt von Veränderung, Austausch und Vielfalt. Deine Angst vor Überfremdung ist nichts anderes als ein Angstmechanismus gegen das Unbekannte.“

R: „Vielfalt? Wir sollen also die Identität aufgeben und uns überall anpassen? Dann sind wir am Ende nur noch eine beliebige Masse ohne Werte.“

L: „Identität ist kein Besitz, den man exklusiv für sich beanspruchen darf. Wenn du sie nur gegen andere definierst, bist du nicht stolz, sondern unsicher. Werte wie Solidarität, Gleichheit und Freiheit sind universell – oder zumindest sollten sie das sein.“

R: „Das ist doch realitätsfern! Wer soll denn für diese Solidarität aufkommen, wenn man die eigenen

Leute vergisst? Erst kommen die Ausländer, dann die Sozialhilfe, und am Ende bleibt nichts für uns übrig."

L: „Wer die soziale Ungleichheit nur mit ‚den Anderen' erklärt, macht es sich zu einfach. Es gibt genug soziale Probleme, die wir gemeinsam lösen müssen – anstatt uns gegenseitig gegeneinander auszuspielen. Der wahre Feind sitzt nicht in der Fremde, sondern oft in den Eliten, die von Spaltung profitieren."

R: „Eliten? Ihr Linken redet immer von den Eliten, aber am Ende seid ihr doch genauso dogmatisch. Eure Utopien zerstören Tradition und Familienwerte."

L: „Dogmatismus ist kein Monopol der Linken, und Utopien sind nötig, um etwas zu verändern. Tradition darf kein Vorwand sein, um Ausgrenzung zu rechtfertigen. Und Familie bedeutet auch Fürsorge für alle Menschen, nicht nur für die, die ‚reinpassen'."

R: „Also sollen wir unsere Grenzen öffnen und alles akzeptieren? Wo zieht ihr die Grenze?"

L: „Grenzen sind politische Entscheidungen, keine Naturgesetze. Aber Menschenwürde kennt keine Grenzen. Wenn wir nur mit Angst regieren, verpassen wir die Chance, gemeinsam Lösungen zu finden. Und die Grenze zwischen uns und den ‚Anderen' ist oft künstlich und gefährlich."

R: „Ihr Linken redet viel von Toleranz, aber wenn man anderer Meinung ist, wird man sofort diffamiert. Meinungsfreiheit scheint bei euch eine Einbahnstraße."

L: „Meinungsfreiheit heißt nicht, dass man jede Meinung ohne Konsequenzen äußern darf. Rassismus und Hetze sind keine legitimen Meinungen, sondern gefährliche Ideologien. Kritik muss möglich sein, aber nicht auf Kosten von Menschenwürde und Sicherheit."

R: „Na gut, vielleicht habt ihr ja recht, dass wir beide in der Sackgasse stecken. Aber wie kommen wir da raus?"

L: „Indem wir nicht nur reden, sondern wirklich zuhören. Und vor allem: indem wir die Angst überwinden, die uns voneinander trennt. Dialog ist schwer, aber unverzichtbar. Sonst gewinnen am Ende nur die, die von Spaltung profitieren."

Rechts vs. Links– oder „Die Polit-Show der unversöhnlichen Lager"

R: „Also mal ehrlich, wenn ich schon diesen ganzen Multikulti-Kram höre, wird mir schlecht. Unsere gute alte Heimat wird aufgeweicht wie ein Matschbrot in der Soßensammlung der Globalisierung!"

L: „Ach, und du bist der Retter der ‚guten alten Heimat'? Weißt du, die Heimat war nie so idyllisch, wie dein nostalgisches Kopfkino behauptet. Aber du hast Recht, das Matschbrot-Image trifft's ganz gut – klebrig, unappetitlich und ohne Geschmack."

R: „Geschmack? Wir haben Geschmack! Geschmack nach Ordnung, Sicherheit, deutschen Werten! Nicht dieses grenzenlose Chaos, das ihr ‚Vielfalt' nennt."

L: „Ah, deutsche Werte! Das klingt fast so, als hätte es da mal eine Garantie auf Reinheit gegeben. Spoiler: Hat es nicht. Vielleicht mal aufwachen und merken, dass das, was du ‚Ordnung' nennst, meistens nur Kontrolle über andere bedeutet."

R: „Kontrolle? Wir wollen nur unser Land zurück, ohne von irgendwelchen linken Weltverbesserern gegängelt zu werden!"

L: „Und ich will eine Welt, in der Leute nicht gegängelt werden, weil sie anders aussehen oder denken. Aber schön, dass du den Begriff ‚Weltverbesserer' benutzt – klingt fast so, als wärst du gegen Verbesserungen, was?"

R: „Wir sind keine Nazis! Ich sag's nur mal ganz klar, bevor ihr wieder mit dem Nazi-Alarm loslegt."

L: „Klar, klar. ‚Ich bin kein Nazi, aber…' – das Mantra aller verunsicherten Weltretter in Trainingshose. Muss ich dir mal die Playlist schicken?"

R: „Playlist? Ich höre nur noch Echos von den ganzen linken Agitatoren, die uns vorschreiben, wie wir zu denken haben!"

L: „Tja, und ich höre nur die Trommeln derjenigen, die sich in der Opferrolle suhlen, während sie brav ihre Parolen nachbeten. Ist das nicht schön bequem?"

R: „Bequem? Du glaubst, es ist bequem, gegen den Strom zu schwimmen? Gegen die ganze Gesellschaft, die uns ignoriert?"

L: „Das mit dem Strom kann ich dir nachfühlen. Ich schwimme auch gegen den Strom – gegen Kapitalismus, Rassismus und all den anderen Mist. Aber wenigstens rede ich nicht davon, dass mein Strom der einzig wahre ist."

R: „Ihr Linken seid die wahren Dogmatiker! Immer mit erhobenem Zeigefinger und moralischer Überlegenheit."

L: „Und du bist der König der Schwarz-Weiß-Malerei. Wusstest du, dass die Welt mehr als zwei Farben hat? Nein? Überraschung!"

R: „Vielleicht sollten wir einfach aufhören zu reden und jeder in seiner Blase bleiben."

L: „Klingt nach der cleversten Idee des Tages. Blasen, in denen man sich gegenseitig bestätigen kann. Passt doch perfekt zu uns!"

R: „Na dann, Prost! Auf die Blasen und die ewige Unversöhnlichkeit!"

L: „Prost! Mögen die Blasen nie platzen – sonst müssten wir uns ja wirklich miteinander auseinandersetzen."

Willkommen in der glorreichen Welt der alternativen Fakten

Früher hatten wir noch diese altmodische Vorstellung von Wahrheit: eine Realität, die man prüfen konnte, Fakten, die man nachlesen konnte, und so etwas wie einen Konsens, den die meisten akzeptierten.

Aber das war einmal.

Heute leben wir in der Ära der „alternativen Fakten" – eine Revolution, die uns alle gleichmacht,

denn nun hat jedes seine eigene Wahrheit.

In dieser neuen Welt gilt:

Je lauter du schreist, desto eher wirst du gehört.

Je schriller die Verschwörung, desto glaubwürdiger die Story. Warum auch nicht?

Wer braucht schon Wissenschaft, wenn man eine Telegram-Gruppe mit zehntausenden Mitglieder*innen hat, die bestätigen, dass die Corona-Pandemie ein weltweiter Schwindel sei?

Oder dass die Impfungen heimlich Chips zur Überwachung enthalten?

Dass Greta Thunberg von „der Elite" gesteuert wird, um uns alle zu hypnotisieren?

Und natürlich, dass die Mondlandung sowieso nie stattgefunden hat – eine Hollywood-Inszenierung.

Filterblasen sind die neuen Höhlen unserer Zeit.

Wir surfen im Internet und werden liebevoll in kleine, wohltemperierte Informationspools geworfen. Dort treffen wir Gleichgesinnte, die uns bestätigen, dass alles, was wir glauben, richtig ist – und alles, was nicht passt, einfach „Fake News" oder „Lügenpresse" ist.

Wer braucht schon Vielfalt, wenn man seine eigene kleine Wirklichkeit hat, in der jeden Tag eine neue große Verschwörung enthüllt wird?

Der Krieg in der Ukraine? Für manche ein „Stellvertreterkrieg" der Eliten.

Die Inflation? Natürlich ein Resultat von geheimen Mächten, die uns alle ausplündern wollen. Klimaschutzmaßnahmen? Eine verkappte Verschwörung, um die Freiheit zu nehmen und den kleinen Mann arm zu machen.

Jedes politische Ereignis, jede gesellschaftliche Krise wird so zur Bühne für eine neue Verschwörung. Impfungen? Natürlich nur ein Plan der Pharmaindustrie, um uns alle zu kontrollieren. Klimawandel? Eine Erfindung von Wissenschaftlern, die Geld wollen.

Corona? Eine Inszenierung, um uns das Leben zu vermiesen. Und wehe, du zweifelst an einer dieser Geschichten – du bist sofort Teil des Systems, ein „Schlafschaf" oder „gesteuerter Bürger".

In dieser Welt ist Realität keine Tatsache mehr, sondern ein Kampf um die lauteste Stimme. Objektivität ist altmodisch, Subjektivität der neue Goldstandard.

Das Motto lautet: Ich glaube, was ich will – und wenn du anderer Meinung bist, hast du dich zu rechtfertigen oder wirst einfach blockiert. Faktencheck?

Nö, wir sind doch hier nicht bei Wikipedia.

Manchmal fühlt es sich an, als lebten wir in einem absurden Theaterstück, bei dem die Drehbücher ständig neu geschrieben werden, aber die Hauptdarsteller*innen sich weigern, vom Skript abzuweichen.

Die Folge: Ein endloser Zirkus aus Halbwahrheiten, Empörung und Misstrauen.

Die Welt ist kompliziert?

Egal, wir machen sie einfach.

Nur die eigene Version zählt.

Und das Schönste daran: Diese parallelen Wahrheiten sind so vielfältig, dass man nie sicher sein kann, welche gerade die „richtige" ist.

Was gestern noch Verschwörung war, ist heute Mainstream.

Und morgen?

Wer weiß.

Willkommen im Zeitalter der postfaktischen Renaissance – wo Wahrheiten so flexibel sind wie die Meinung des Tages und die Realität sich immer dann biegt, wenn der Lauteste ruft.

Die Paradoxie der Politik

Politik, die eigentlich für die Menschen gemacht sein soll, wird zum undurchdringlichen Labyrinth.

Man versucht, sie zu verstehen – und wird immer tiefer in den Dschungel aus Fachbegriffen, Paragraphen und „wichtigen" Nebensächlichkeiten gezogen.

Das Problem: Je mehr Politiker*innen erklären, desto mehr Fragen entstehen. Das Angebot an Informationen wächst exponentiell, die Klarheit schrumpft dagegen rapide. In der Politikverdichtung wird die Lösung zum Problem, und das Versprechen von Transparenz endet in einem Meer aus Verwirrung.

Politikverdrossenheit entsteht, wenn man das Gefühl hat, Politik sei ein Spiel, bei dem alle mitmachen – nur man selbst eben nicht. Ein Spiel, dessen Regeln sich ständig ändern, und das man kaum versteht, aber unbedingt gewinnen soll.

Zynischer Ausblick

Vielleicht ist Politikverdrossenheit der neue
Volkssport:

Man meckert viel, versteht wenig – und zieht sich am
Ende doch wieder ins Schneckenhaus zurück.

„Warum sollte ich mich bemühen?"

„Am Ende passiert eh nichts, was mich betrifft."

Und die Politik? Sie schafft es, gleichzeitig
unverständlich und laut zu sein.

So laut, dass man die leisen Stimmen nicht mehr
hört – die der Bürger*innen, die echte Antworten
wollen. Aber die Politik?

Die baut einfach weiter an ihrem komplizierten
Bauwerk – als ob das Chaos irgendwann von selbst
aufhören würde.

Social Media als Schlachtfeld –

Wo Likes die Munition sind

Willkommen in der Arena, dem digitalen Kolosseum namens Facebook, Twitter, Instagram & Co.

Hier kämpfen Menschen nicht mehr mit Worten, sondern mit Memes, GIFs und Beleidigungen –

die Waffen der neuen Generation.

Diskussionen? Fehlanzeige. Stattdessen ein endloser Schlagabtausch aus Ironie, Sarkasmus und dem obligatorischen „Du hast ja keine Ahnung!"

Die Regeln? Einfach. Je schneller und gemeiner der Treffer, desto mehr Applaus in Form von Likes, Shares und Emojis. Inhaltliche Tiefe?

Wird überschätzt. Wer braucht schon eine fundierte Meinung, wenn ein treffendes Meme mehr Zustimmung bringt als eine wissenschaftliche Studie?

Der Algorithmus ist der heimliche General in diesem Krieg.

Er sorgt dafür, dass Empörung das wertvollste Zahlungsmittel ist – je wütender du bist, desto sichtbarer wirst du. Hasskommentare?

Mehr Reichweite. Beleidigungen? Viraler als Fakten. Damit wird der Social-Media-Krieg immer lauter, schneller und brutaler.

Konversationen verwandeln sich in Meme-Schlachten, bei denen jede Seite versucht, die andere mit kreativen Bildchen zu vernichten. Dabei geht es längst nicht mehr um Austausch, sondern ums Siegen – oder zumindest ums Überleben in der Flut an Kommentaren und Reaktionen.

Und die „Likes"? Sie sind die neuen Trophäen, die den Status in der digitalen Welt bestimmen.

Mehr Likes = mehr Einfluss.

Mehr Empörung = mehr Aufmerksamkeit.

Das führt dazu, dass viele lieber polarisieren und provozieren, statt wirklich zuzuhören.

Das Ergebnis: Ein Social-Media-Schlachtfeld, auf dem keiner wirklich gewinnt.

Denn am Ende sind alle müde und frustriert –

und die echten Probleme bleiben unbearbeitet.

Medien und ihre Rolle – zwischen Sensationslust und Info-Overload

Willkommen in der Welt der Medien, wo jede Meldung ein Drama, jeder Skandal ein Spektakel und jede Meinung eine Schlacht ist! Hier wird nicht einfach nur berichtet, hier wird inszeniert, zugespitzt und auf die Tränendrüse gedrückt –

denn Sensationsgier ist das höchste Gebot.

Warum eine Nachricht nüchtern erzählen, wenn man sie auch mit Großbuchstaben, Ausrufezeichen und emotionalem Trommelfeuer an die Wand nageln kann?

Klicks, Shares, Likes – das ist die Währung der modernen Medienwelt.

Je lauter, je schriller, desto besser.

Fakten? Klar, wenn's passt.

Aber Hauptsache, die Schlagzeile fetzt.

Und dann gibt es den „Haltungsjournalismus" – die Kunst, nicht nur zu berichten, sondern auch gleich eine Meinung mitzuliefern.

Das schafft Nähe für die einen, aber Gräben für die anderen.

So wird aus Journalismus schnell ein politisches Spielfeld, auf dem die Fronten sich verhärten und die Polarisierung munter wächst.

Nicht selten scheint es, als würden Medien weniger Brücken bauen als Mauern errichten.

Aber auch die Überinformation hat ihren ganz eigenen Charme: Rund um die Uhr prasseln News, Tweets, Kommentare und Expertenmeinungen auf uns ein – da verliert man schnell den Überblick.

Was war nochmal die Frage?

Und was soll ich jetzt eigentlich glauben?

Ein informativer Alptraum, der zu Verwirrung, Frust und dem geflügelten Wort führt:

„Ich weiß gar nicht mehr, was wahr ist."

Vielleicht ist das die wahre Schlagzeile:

Medien sind heute weniger Spiegel der Gesellschaft als Spiegelkabinett – bunt, verzerrt und voller Überraschungen.

Und wir mittendrin, scrollend, klickend, diskutierend, oft hilflos und manchmal genervt.

Migration und Integration –
Willkommen im Kurs der guten Vorsätze

Ach, Integration!

Das ewige Lieblings-Thema der politischen Debatte, das mindestens so kompliziert ist wie der Versuch, mit einem IKEA-Regal und ohne Anleitung fertig zu werden. Dabei scheinen wir alle Experten – und jeder hat seine ganz eigene Idee, wie Integration „funktionieren" muss. Die Diskussionen könnten glatt als Comedy-Show durchgehen.

Da gibt es Integrationskurse für Geflüchtete, die meistens aus Sprachunterricht und einigen kulturellen Basics bestehen – versteht sich von selbst, dass das noch längst nicht alles ist.

Aber halt, inzwischen reden wir auch von „Integrationskursen für Einheimische".

Ja, richtig gehört! Denn manche Deutsche, gerade aus bestimmten politischen Lagern, bräuchten offenbar eine „Einführung in die bunte Gesellschaft" genauso dringend wie Migrant:innen.

Stellen wir uns also mal vor, wie so ein Kurs aussehen könnte:

Modul 1 – „Wie verhalte ich mich, wenn mein Nachbar anders aussieht?"

Modul 2 – „Warum Vielfalt nicht gleich Untergang ist."

Modul 3 – „Wie höre ich zu, ohne gleich alles zu bewerten?" Ach, und natürlich das Abschlussquiz: „Wen kann ich jetzt eigentlich noch als ‚Fremdenfeind' bezeichnen?"

Dabei hat Integration längst nichts mehr mit Einbahnstraßen zu tun. Es ist ein Zusammenspiel, ein Geben und Nehmen – auch wenn das vielen noch schwerfällt. Aber statt das als Chance zu sehen, wird lieber über Abschottung, „Islamisierung" oder „Heimatverlust" lamentiert – während man selbst kaum mit dem eigenen Gartenzaun klarkommt.

Ironischerweise brauchen manche also zuerst mal einen Integrationskurs fürs eigene Weltbild, bevor sie sich über echte Integration aufregen können. Aber keine Sorge: Für die gibt es bestimmt bald auch eine eigene Sondersendung im Fernsehen, einen Hashtag bei Twitter – und natürlich ganz viel Empörung.

Integration?

Eigentlich ganz einfach: Mensch sein.

Aber da müssen wir wohl alle noch dran arbeiten.

133

Die Rolle der Jugend –

Zwischen Aufbruch, Ausstieg und Augenrollen

Die Jugend…

Sie ist das große Versprechen der Zukunft, der Hoffnungsträger, die Klimaretter*innen, die politischen Revolutionär*innen – zumindest sagen das alle, die gerade keine Ahnung haben, wie Jugendliche wirklich ticken.

Denn die Realität sieht oft anders aus:

Junge Menschen, die sich mit Feuereifer für eine bessere Welt engagieren, Demonstrationen organisieren, Petitionstexte schreiben und dabei trotzdem nachts die neuste Serie bingewatchen. Zwischen Aktivismus und Alltag, zwischen großen Träumen und schnellem Pragmatismus.

Aber hey, keine Sorge:

Die Jugend ist nicht nur politisch engagiert, sie hat auch ihre ganz eigene Art, mit der Welt umzugehen – oft mit einer gehörigen Portion Ironie und Distanz.

Generationenkonflikte? Klar, die gab es immer –
aber heutzutage sind sie eher ein Dauer-Abo auf
Augenrollen und WhatsApp-GIFs als auf lautstarke
Debatten am Küchentisch.

Und die Zukunftsangst? Die sitzt tief, ja.
Klimawandel, soziale Ungerechtigkeit, politische
Instabilität – alles Themen, die schon die Schulbank
drücken. Doch anstatt sich davon lähmen zu lassen,
jonglieren viele junge Menschen zwischen
Resignation und dem Willen, wenigstens ein kleines
Stück mitzugestalten. Manchmal klappt das,
manchmal geht der Akku schneller leer als das
Handy.

Politische Verantwortung? Die wird gerne
weitergereicht, meistens an „die da oben", während
man selbst erst mal abwartet, ob die Erwachsenen
ihre Hausaufgaben machen. Verständlich. Wer will
schon die Welt retten, wenn man gerade erst
versucht, den eigenen Alltag zu meistern?

So bleibt die Rolle der Jugend ein Balanceakt:
Zwischen Hoffnung, Frust und der Suche nach dem
eigenen Platz in einer Welt, die sich schneller dreht,
als man „Generation Z" sagen kann. Und vielleicht
ist das genau der Punkt:

Die Jugend muss nicht alles auf einmal retten, sie
darf auch einfach mal jung sein.

Die Jugend, die nicht in die Klischeeschublade passt

Man sagt ja gern, die Jugend von heute sei gleichgültig, faul oder nur online versunken.
Man malt Bilder von gelangweilten Teenager*innen, die sich nur für Selfies und Likes interessieren.
Oder man denkt an lautstarke Protestierer*innen, die nichts anderes tun, als zu schreien und zu polarisieren.

Aber dann gibt es sie: Eine kleine Gruppe, die all das nicht erfüllt.
Keine Maske, keine Show.

Kein Lärm für die Kamera.
Sondern echte Gespräche, echte Fragen, echte Zweifel.

Sie treffen sich in einem kleinen Jugendzentrum, das eher nach Baustelle aussieht als nach Hotspot.

Zwischen unbemalten Wänden diskutieren sie über Rassismus, Klimawandel, Politik – und über das, was sie wirklich bewegt.
Ohne Dogmen, ohne Schwarz-Weiß-Denken.
Mit Humor, manchmal zynisch, oft herzlich.

Sie sind multikulturell,

jeder einzelne Mensch bringt eine andere Geschichte
mit.
Sie lachen über die verqueren Ansichten der
Erwachsenenwelt,
und wenn sie demonstrieren, machen sie das mit
selbstgemalten Schildern und guter Laune –

nicht mit Parolen, die keiner versteht.

Sie sind nicht laut, aber präsent.
Nicht perfekt, aber authentisch.
Nicht in der Klischeeschublade –

sondern jenseits davon.

Gegen Hass

Hass ist billig.
Er braucht kein Wissen, keine Nuance, kein
Gespräch.
Er marschiert mit dem Ruf „Wir zuerst!" – und
meint damit: „Alle anderen zuletzt."

Hass ist bequem, weil er keine Verantwortung kennt.
Er verwandelt Unsicherheit in Gewaltfantasien und
Frust in Feindbilder.

Wer hasst, muss nicht verstehen.
Nur verurteilen.

Doch eine Gesellschaft, die sich auf Hass gründet,
kennt keinen Zusammenhalt.
Nur Sieger*innen und Verlierer*innen, Lautsprecher
und Sündenböcke.
Nur Lärm.
Und irgendwann – nur noch Schweigen.

Gegen Pauschalisierung

„Die Politiker*innen."
„Die Medien."
„Die Flüchtlinge."
„Die Deutschen."
„Die Gutmenschen."
„Die Woken."
„Die da oben."
„Die da draußen."

Wir reden, als wären Menschen Gruppen, als wären
Gruppen Meinungen, als wären Meinungen
Wahrheiten.
Doch Pauschalisierung ist der Anfang der
Denkfaulheit – und das Ende jedes Gesprächs.
Es gibt kein „wir gegen die".
Es gibt nur ein „wir mit unseren Fragen".

Gegen die Instrumentalisierung von Angst

Ja – viele Menschen haben Angst.
Vor der Zukunft.
Vor dem Abstieg.
Vor Überforderung.
Vor dem Fremden.
Vor dem eigenen Scheitern.

Aber diese Angst gehört nicht den Lautesten.
Sie gehört auch nicht denen, die sie am besten
bewirtschaften.
Sie gehört denen, die sie fühlen – und trotzdem
bereit sind, weiterzudenken.

Denn Angst macht verletzlich.
Und wer verwundbar ist, verdient Schutz, nicht
Manipulation.

Geht es uns wirklich so schlecht?

Wir leben in einem Land mit Pressefreiheit.
Mit Gerichten, die unabhängig urteilen.
Mit Ärzt*innen, die behandeln, ohne dein Parteibuch
zu kennen.
Mit Menschen, die sich kümmern – in Kitas,
Hospizen, auf Straßen und in Wohnzimmern.
Wir leben in einem Land, in dem du sagen darfst,
was dich stört –
und wo du gewählt wirst, wenn du andere
überzeugst. Nicht, wenn du sie anschreist.

Warum wir gegen Rechts kämpfen müssen – ein Denkanstoß

Gegen Rechts zu kämpfen heißt nicht, einfach nur laut „Nazis raus!" zu rufen –

so einfach ist es leider nicht.

Es heißt, der Versuchung zu widerstehen, sich von Angst und Hass verführen zu lassen.

Es heißt, sich zu erinnern, dass Menschenwürde nicht verhandelbar ist, auch wenn manche versuchen, sie kleinzureden oder auszugrenzen.

Rechts bedeutet oft: Vereinfachung statt Vielfalt, Ausgrenzung statt Zusammenhalt, Angst statt Mut. Es ist die Idee, dass manche Menschen weniger wert sind, weil sie anders aussehen, denken oder lieben. Das ist nicht nur eine politische Position, das ist eine Bedrohung für die Gesellschaft, für unsere Freiheit und für den Frieden.

Wer gegen Rechts kämpft, verteidigt also nicht nur eine politische Meinung, sondern ein humanistisches Grundverständnis – die Überzeugung, dass wir als Gesellschaft nur gemeinsam stark sind, dass Vielfalt keine Schwäche ist, sondern unsere größte Chance.

Und ja, das ist ein Kampf, der manchmal zermürbend, laut und anstrengend ist.

Aber es gibt keine Alternative zum Einsatz gegen das Vergessen, gegen das Kleinreden von Hass und Gewalt.

Weil „Wehret den Anfängen" nicht mehr reicht – jetzt heißt es, das Ende zu bedenken und dafür zu sorgen, dass es nicht das Ende unserer demokratischen Gesellschaft wird.

Denn am Ende des Tages gilt:

Wer schweigt oder wegschaut, macht den Weg frei für die, die unsere Werte mit Füßen treten.

Was jetzt?

Wir brauchen keine Erlöser, sondern Verbündete.
Keine Parolen, sondern Prozesse.
Keine einfachen Antworten, sondern den Mut,
komplizierte Fragen offen zu lassen.

Also:
Raus aus der Blase.
Raus aus dem Zynismus.
Raus aus der Opferpose.

Demokratie ist kein fertiges Möbelstück.
Sie ist ein Bauplan, der nie aufhört –
und an dem jeder mitzeichnet, der sich traut,
zuzuhören.

Also:
Raus aus der Blase.
Raus aus dem Zynismus.
Raus aus der Opferpose.

Und rein in das, was bleibt:
Ein fragiler, unfertiger, menschlicher Versuch,
gemeinsam zu leben. Ist alles gut?
Nein.
Ist alles verloren?
Auch nicht.

„Ihr seid nicht verantwortlich für das, was
geschah.

Aber dass es nicht wieder geschieht, dafür
schon."
— Margot Friedländer

Für „Wehret den Anfängen"
ist es zu spät.
Jetzt heißt es:
Bedenkt das Ende.